낮은 데로 임하소서 · 그 이후

믿음이란 한 알의 밀알이 땅에 떨어져 죽음으로 많은 열매를 맺음과 같이 진리의 열매를 위하여 스스로 죽는 것을
뜻합니다. 눈으로 볼 수는 없으나 영원히 살아 있는 진리와 목숨을 맞바꾸는 자들을 우리는 믿는 이라고 부릅니다.
「믿음의 글들」은 평생, 혹은 가장 귀한 순간에 진리를 위하여 죽거나 죽기를 결단하는 참 믿는 이들의, 참 믿는 이들을
위한, 참 믿음의 글들입니다.

안요한 지음

낮은 데로 임하소서, 그 이후

홍성사

책머리에

이 책을 여는 분들께 하나님의 크신 축복과 평강이 함께하시기를 기원합니다.

부족하기 그지없는 종이 하나님의 부르심을 받아 낮은 곳에 있는 형제와 자매들을 위해 새빛 사역을 시작한 지 어느덧 33년이 흘렀습니다. 그리고 저의 회심과 초기 사역 이야기가 고 이청준李淸俊 선생님에 의해 《낮은 데로 임하소서》라는 제목의 장편소설로 출간되어 세상에 알려진 지도 30년에 이르렀습니다. 시간이 흐르면서 《낮은 데로 임하소서》 그 이후가 어떻게 되었는지 궁금하다고 하시는 분들이 많이 계셨습니다.

《낮은 데로 임하소서》는 미아리 시절 초창기의 일화들에서 끝났지만, 새빛 사역은 《낮은 데로 임하소서》 출간 이후 더욱 다양해졌고, 본격적인 열매를 거두어 왔습니다. 그 이후의 이야기를 정리해야겠다는 마음은, 새빛 사역 30년과 제 육신의 나이가 고희古稀인 일흔을 넘기면서 더욱 강렬해졌습니다. "이것이 하나님이 주시는 마음입니까?" 거듭 묻고 난 후, 애써 시간을 내어 녹음기를 잡게 되었습니다.

이 책은 《낮은 데로 임하소서》 이후의 이야기뿐만 아니라 그 이전의 이야기부터 사실을 충실하게 적어 갔습니다.

하지만 기억나지 않고 희미해져서 누락되거나 정확하게 기록하지 못한 부분도 있을 것입니다. 지면이 제한되어 다하지 못한 이야기들도 있고, 표현이 부족해서 쉽게 전해 드리지 못한 부분도 없지 않을 것입니다.

독자 여러분의 너그러운 양해를 구합니다.

책을 출간하기까지 부족한 종을 불러 주시고, 새빛 사역을 인도해 주신 하나님께 깊은 감사를 드립니다. 거칠기 그지없는 구술 원고를 꼼꼼하게 살피고, 빠진 부분과 애매한 부분을 바로 잡으면서 윤문 작업을 해주신 유관지劉寬之 목사님께도 감사드립니다. 유 목사님은 새빛 사역 초기부터 여러모로 우리와 함께해 오신 분이어서 이 일을 위해 하나님께서 예비하신 분이라고 할 수 있습니다.

손질한 원고를 제가 다시 듣고 검토하며 수정할 수 있도록 반복해서 녹음 파일로 옮기는 작업을 맡아 사진과 자료를 정리해 준 새빛선교회 사무실의 여러 동역자들께도 감사드립니다.

문서선교의 뜨거운 사명감을 가지고 《낮은 데로 임하소서》에 이어 이 책의 출간을 위해 수고한 홍성사의 여러분께도 감사드립니다. 그 밖에도 여기 일일이 적지 못했지만 감사드려야 할 분들이 너무나 많습니다.

바라기는 이 책이 하나님께 영광이 되고 낮은 곳의 형제들 그리고 믿음의 이웃들에게 유익이 되기를 간구하면서 떨리고 감사한 마음으로 세상에 내놓습니다.

2010년 6월

사랑의 큰 빚을 진 무익한 종

차 례

1

내가 너를 떠나지 아니하며

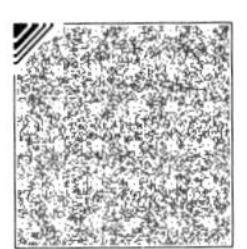

네 인생은 끝났다

1939년 10월 15일은 하나님이 저를 이 세상에 보내 주신 날입니다. 그로부터 37년을 산 1975년까지는 세상의 많은 사람들과 마찬가지로 밝은 세상에서 출세를 꿈꾸었고, 그 후 그와 비슷한 기간을 아무것도 보이지 않는 어둠 속에서 살아왔습니다. 진실로 고백컨대 앞을 볼 때보다, 아무것도 보지 못하며 살아온 기간이 저는 더 행복했고 유익했습니다. 지금도 그렇고 앞으로도 그럴 것입니다.

'볼 때의 손해와 보지 못할 때의 유익'이라는 제 설교나 강연을 들은 분들은 이 말에 고개를 끄덕이시겠지만, 대다수의 분들은 "어떻게 그럴 수가?" 하며, 믿기 어려워하실 것입니다.

이 책을 읽는 가운데 '아, 과연 그렇구나!', '그럴 수도 있겠구나' 하며 받아들여질 수 있기를 바라며 제 이야기를 시작하려고 합니다.

하나님이 저를 이 세상에 보내신 곳은 평안남도 순천군 내남면 금곡리 53번지입니다. 북한은 해방 이후 여러 차례 행정구역을 개편했습니다. 순천군은 시가 되었고, 1992년에 순천시는 동서로 나뉘어 동쪽에 은산군殷山郡이 신설되었습니다. 제가 태어난 내남면 금곡리는 이곳 은산군에 속하게 되었다는 이야기를 전해 들었습니다.

제가 태어난 직후, 신학을 공부하시는 아버지를 따라 우리 가족은 평양으로 이사했고, 저는 평양의 '기림리'라는 곳에서 유년 시절을 보냈습니다.

해방 후 공산 정권의 박해를 견딜 수 없어 우리 가족은 삼팔선을 넘어 서울로 왔고, 저는 장충초등학교에 입학했습니다. 6학년 때 6·25 전쟁이 일어나자 가족 모두가 거제도로 피난을 갔고 저는 거제중학교에 입학했습니다.

1951년, 경상남도 함양의 함양교회를 담임하게 되신 아버지는, 다른 식구들은 거제도에 그대로 두고 저만 데리고 부임하셨습니다. 그래서 저는 함양중학교로 전학을 가게 되었습니다. 당시 함양에서는 공비들의 습격 사건이 종종 발생했습니다. 교회 부근의

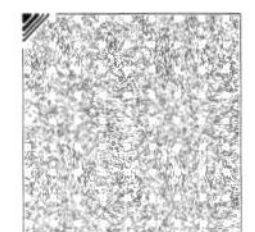

다리에 초소가 있었는데 초소를 지키던 경찰관이 공비들에게 피살되는 일이 있었습니다. 한번은 공비들이 교회에 난입하여 아버지는 이불장에 숨고, 저는 아궁이에 숨어 위기를 모면한 적도 있습니다.

아버지는 그 후 군목 생활을 하셨고, 전역한 다음에는 대전에 있는 상이군인 요양 시설의 원목으로 부임하셨습니다. 저는 다시 대전중학교로 전학을 갔고, 1957년에 대전고등학교 36회 졸업생이 되었습니다. 고등학교를 졸업하고 한국외국어대학교 불어과에 입학한 저는 아버지의 슬하를 떠나 자유분방한 서울 생활을 만끽했습니다.

대학을 졸업하고 일반대학원 진학과 외무직 시험을 준비하고 있을 때 아버지는 목회지인 강원도 영월로 저를 부르셔서 전혀 예상하지 못한 말씀을 하셨습니다. 제게 신학대학원에 가라고 하신 것입니다. 그것은 핵폭탄과 같은 말씀이었습니다. 아버님이 목회를 하시면서 우리 가정이 얼마나 가난에 시달리며 온갖 고생을 다 참았는지, 때로 얼마나 감당하기 어려운 모욕까지 당했는지 저는 너무나 생생하게 보고 자랐기 때문입니다.

"저보고 신학대학원을 나와 목사가 되라고요? 저도 아버지처럼 가난하게 살면서 아내를 어머님처럼 고생시키라는 말씀이십니까?"

아버지 말씀을 도저히 받아들일 수 없어 항변하는 제 목소리에는 도저히 이해할 수 없다는 격정이 서려 있었습니다. 저는 얼른 어머니께 도움을 청했습니다. 평생 사모로서 힘겹게 살아오신 어머니만큼은 저를 옹호해 주실 거라고 굳게 믿었기 때문입니다. 그런데 어머니는 눈물을 흘리면서 "아버님 말씀에 순종하도록 하거라"고 하시는 것이었습니다. 가재는 게 편이라더니, 어머니는 아버지 말씀에 뜻을 같이하셨던 것입니다.

분노가 치밀어 오르던 그 순간, 아버지께서 제게 등을 돌리시고는 눈물을 닦는 모습을 보게 되었습니다. 저는 그때 처음으로 아버지의 눈물을 보았습니다. 그 혹독한 가난을 견디면서 성도들에게 받은 고통과 시련을 극복하고자 눈물로 기도하시던 아버지의 모습은 익숙했지만, 가족들 앞에서 눈물을 흘리시는 아버지의 모습은 본 적이 없었습니다.

순간 두려움이 생겼습니다.

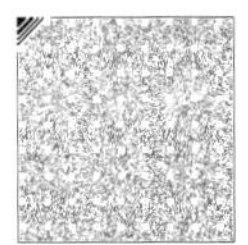

'도대체 하나님이 정말 계시긴 한 걸까?'

'왜 자기가 사랑하는 아들에게 본인과 같은 고생길을 가라고 하실까?'

저는 이해할 수 없었지만 아버지의 눈물을 보면서 뜨거움과 두려움을 느끼며, "네, 아버님 갈게요……." 하고 말았습니다.

이런 일이 있은 지 얼마 후 결국 신학대학원에 진학했습니다.

대학원에서 저까지 일곱 명의 동기생이 함께 공부했습니다. 그런데 고민이 생겼습니다. 하나님이 죽어도 안 믿어지는 것이었습니다. 신학생으로 대학원 수업을 받으면서도 믿을 수가 없으니 하루하루가 고통이었습니다. 특히 구약 성경에 대한 거부감이 심했습니다.

"모세가 지팡이를 던지니 뱀이 되고, 뱀을 잡으니 지팡이가 되었더라", "막대기로 바다를 치니 물이 갈라지고 반석을 치니 물이 솟아났다더라."

신약에도 "죽은 나사로에게 나오라 하니, 살아서 나왔더라." 이게 도대체 무슨 이야기인지 알 수가 없었습니다. 억지로 믿어 보려고 애를 써도 모두 허사였습니다.

그러니 고민이 생기지 않을 수 없었습니다.

'어떻게 내가 믿지 못하는 하나님을 사람들에게 믿으라고 하는 목사가 될 수 있단 말인가?'

저는 그럴 자신이 없었습니다.

그런 제 모습을 안타깝게 바라보시던 교수님이 하루는 방으로 저를 부르셨습니다. 교수님은 종이 한 장과 볼펜을 제 앞에 놓고 나가셨습니다. 저는 교수님의 뜻을 알 수 있었습니다. 결단을 내릴 시간이 된 것입니다. 저는 그 종이에 이렇게 썼습니다.

교수님, 죄송합니다.

아무리 생각해 봐도 하나님은 계시지 않습니다.

안녕히 계십시오.

그리고 저는 신학대학원의 문을 박차고 나왔습니다. 교문을 나오면서 느낀 그 해방감이 얼마나 자유롭고 좋았는지 모릅니다. 그런데 실은 그 순간이 제 인생에서 가장 중요한 순간이었습니다. 저는 계속 하나님을 추구하며 순종했어야 했는데 그 반대의 길을 택

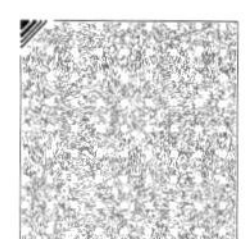

한 것입니다.

시편 23편에 "주의 지팡이와 막대기가 나를 안위하시나이다"라는 말씀이 있습니다. 하나님의 지팡이는 우리를 보호하는 데 쓰이고, 막대기는 불순종하는 자녀들을 징계하는 데 쓰입니다. 지팡이로 보호하는 것이나 막대기로 때리는 것이나 주님이 주시는 복은 동일하지만, 맞으면 저처럼 상처가 남습니다. 그러니, 좋은 말로 타이르실 때 돌아오는 것이 더 복됩니다.

저는 가끔 신학교에서 설교할 때 송충이는 솔잎을 먹어야 하는 것처럼, 신학교를 다니다가 힘들다고 그만둔다든지, 목회를 하다가 사업을 한다든지 하면 일이 제대로 되는 법이 없다고 말합니다. 제가 그처럼 솔잎을 먹지 않고 세상 열매를 먹으려고 빠져나왔다가 넘어진 경우입니다. 저는 37세가 될 때까지 세상 재미에 푹 파묻혀 살았습니다.

2009년 11월에 동남아 여러 곳에서 집회를 하는 중에 인도네시아의 바탐 섬을 방문한 일이 있습니다. 그곳은 쓰나미로 널리 알려진 수마트라 섬의 바로 옆에 있고 모슬렘이 장악한 지역입니다. 바탐 섬에는 원주민 신학교가 있습니다. 그 신학교의 교수인 목사님께서 신학생들에게 말씀을 전해 달라고 부탁하시기에 순종하는 마음으로 신학교를 방문했습니다. 저는 제가 겪은 일들을 그 학생들에게 진솔하게 털어놓았습니다.

제가 신학대학원에 다닐 때 같이 입학한 친구가 있었습니다. 명문대 출신인 그 친구는 저와 같이 입학했을 뿐만 아니라, 같이 떠나오기도 했습니다. 그런데 그 친구는 그 후 불행하게 살다가 세상을 떠났습니다. 같이 도망 나온 친구는 죽고, 저는 시각장애인이 된 것입니다. 저는 그 사실을 있는 그대로 신학생들에게 전했습니다. 집회가 끝난 후 학장님이 기도를 하시는데 너무나 크게 우시느라 기도를 제대로 못하는 것이었습니다. 학장님이 통곡하며 기도를 하시니, 그 자리에 있던 모든 신학생들이 눈물을 흘렸습니다.

예배가 끝난 후 학장님은 제게 '맞춤 설교'를 했다고 하셨습니다. 그 학교의 신학생들은 4년을 공부하고 졸업하면 바로 목사 안수를 받게 되어 있습니다. 어떻게 보면 너무나 간단하게 목사가 될 수 있는 과정이지만, 조건이 있었습니다. 신학교 재학 중에 15명을 전도해야 졸업과 동시에 목사 안수를 받을 수 있었습니다.

인도네시아에서 공부하는 신학생들에게는 박사학위 논문을 쓰는 것이 훨씬 편합니다. 모슬렘 사회에서 15명을 전도한다는 것은 하늘의 별따기와 같은 일이어서, 4학년 2학기에 졸업을 포기하는 학생들이 비일비재했습니다. 제가 방문했을 때가 마침 2학기였는데, 졸업을 앞두고 번민하던 학생들의 마음을 강하고 담대하게 만든 셈이 되었습니다. 그만두면 죽거나 시각장애인이 된다고 하는데, 누가 도망칠 수 있겠습니까? 그러니 제가 맞춤 설교를 한 격이 되었고 학생들을 은혜의 사슬로 붙들어 놓았으니, 학장님이 고마워하지 않을 수 없었던 것입니다.

이것이 어찌 인간의 계획이겠습니까? 하나님의 계획이요, 은혜이지요. 저는 감사할 따름입니다.

"은혜로 이 쓸데없는 자를 사용해 주신 하나님, 감사합니다."

이것이 제 평생의 신앙고백입니다.

신학대학원에서 빠져나온 후 만족스럽지는 않았지만, 제 인생에 도움이 될 수 있는 외국 기관에서 근무하게 되었습니다. 나아가 미 정부 기관의 초청을 받아 미국행을 준비했습니다. '하나님을 믿지

않아도 내가 열심히 노력하여 살아가니 세상 일이 잘 풀리는군!'

저는 깊은 교만에 빠졌습니다.

하나님께서 싫어하시는 교만의 세 가지 유형이 있습니다.

성경에 어리석은 자는 그의 마음에 이르기를 하나님이 없다고 한다는 말씀이 있는데(시 14:1; 53:1), 이처럼 하나님이 없다고 하는 교만과 하나님 없이도 내가 모든 것을 다 할 수 있다고 하는 교만, 그리고 하나님께서 모두 도와주시고 이루어 주셨는데도 내가 했다고 하며 자신을 높여 하나님의 영광을 가로채는 교만입니다. 저는 이 세 가지 모두에 해당합니다. 하나님이 싫어하는 짓만 하고 살아온 완악한 인생인 셈입니다.

미국행을 며칠 앞둔 어느 날, 아침에 눈을 뜨니 느닷없이 먹구름 같은 것이 눈앞을 가로막고 있었습니다. 아내와 두 딸의 모습도 제대로 보이지 않았습니다. 돌아보니 그때부터 제 인생에 하나님의 직접적인 개입이 시작된 것입니다. 그 사실을 모르고 있던 저는 이 절망의 늪에서 헤어 나오기 위해 좋다는 약, 좋다는 치료 등 인간이 할 수 있는 모든 방법을 시도해 보았습니다. 그러나 어떤 방법으로도 눈을 회복시키는 데 아무런 효과가 없었습니다.

　저의 구술을 토대로 한 이청준 선생님의 소설 《낮은 데로 임하소서》와 동명 영화에 잘 소개되어 있듯이, "등에 구멍을 내어 나쁜 부분을 걷어내면 눈을 볼 수 있고, 이미 효과를 경험한 사람이 있다"는 허황된 치료법을 권유받기도 했습니다. 믿을 수 없는 엉터리 치료라고 생각했지만, "아빠! 아빠! 장님이 됐다며? 아빠가 진짜 장님이 되면, 난 아빠하고 안 살 거야!"라고 흐느끼며 내 품으로 파고드는 큰딸아이를 안으며, 사랑하는 두 딸을 볼 수만 있다면 무슨 일이든 해야겠다는 간절한 심정으로 치료받기로 결심했습니다.

　저는 어렸을 때 부모님께 "자식을 여덟이나 낳는 부모가 어디 있어? 나는 장가가서 둘만 낳아 배부르게 먹이고 잘 기를 거야"라며 큰소리를 쳤습니다. 그렇게 얻은 두 딸인데 장님 아빠는 싫다고 하니, 피가 거꾸로 솟는 절망감이 들었습니다.

　"아빠가 시골에 가서 치료를 받으면 건강하게 볼 수 있어!"

　저는 두 딸에게 자주 부르던 동요를 불러 주었습니다. "아빠하고 나하고 만든 꽃밭에 채송화도 봉숭아도 한창입니다. 아빠가 매어 놓은 새끼줄 따라 나팔꽃도 어울리게 피었습니다."

　"아빠 얼른 나아서 꼭 이 노래를 다시 부를게" 하며 딸과 새끼손가락을 걸고 약속했습니다.

저는 회복의 희망을 품고 치료를 받으러 시골로 내려갔습니다. 하지만 상상할 수 없는 고통과 아픔이 저를 기다리고 있었습니다. 바늘이 목 뒤로 뚫고 들어와 살을 쑤시고 살점을 긁어내는데, 세상에 이보다 더한 고통이 있을까 싶은, 막말로 하면 그야말로 완전 무식한 치료였습니다.

앞을 볼 수만 있다면……, 이를 악물고 몸부림치고 혼절하면서 그 무식한 치료를 참아 냈습니다. 어머니는 옆에서 계속 눈물을 닦으시며, 몸부림치는 저에게 "애야, 예수님의 십자가를 바라보아라, 십자가를 바라보아라"는 말만 되풀이하셨습니다. 하지만 저는 십자가를 바라보지 않았습니다. 믿음이 없었으니까요. 오직 두 딸만을 눈에 그렸습니다.

'장님 아빠가 돼서는 안 된다!'

두 딸을 생각하며 이를 악물고 참고 버텼습니다. 더욱 참을 수 없는 건 피 냄새를 맡고 악착같이 달려드는 벌레들이었습니다. 어머니는 흐르는 눈물을 닦으며 아들에게 달려드는 벌레들을 쫓기 위해 부채질을 하셨습니다.

악몽과도 같은 백여 일이 지난 어느 날, 치료해 주던 할머니가 물었습니다.

"좀 보이는 것 같지 않나?"

"아무것도 보이지 않는데요."

그러자 할머니가 오히려 더 실망하면서 "그렇다면 나도 이제 그만두겠어!"라고 하는 것이었습니다. 어머님이 옆에서 "뭐라고요?" 하며 정신을 잃었습니다. 저도 어머니 옆에 주저앉고 말았습니다. 그게 끝이었습니다. 그때가 1975년 4월, 화창한 봄날이었습니다.

주위 사람들의 말은 낙심한 제 마음에 비수를 꽂는 얘기들이 대부분이었습니다.

"네 인생은 끝났다. 눈뜬 사람도 살기 어려운 세상에서 서른일곱 나이에 시력을 잃고 무엇을 할 수 있겠느냐? 차라리 앞을 못 보려면 선천적으로 못 보아서 어려서 재활 훈련을 해두었으면 몰라도……. 너는 늦었다. 네 인생은 끝났어!"

나의 가나안, 서울역

끝난 인생의 주인공이 된 제 옆을 지킬 사람이 누가 있겠습니까? 그때 제 아내도 이미 마음에 결정을 내리고 있었던 것 같습니다. 저는 아내가 저를 버렸다고 생각하고 싶지 않습니다. 그것은 아내의 책임이 아닙니다. 약자에 대한 배려가 너무나 부족한 사회의 책임이라고 해야 할 것입니다.

요즘은 장애인에 대한 인식이 많이 좋아진 편이지만, 1970년대 중반이던 그때는 장애인에 대한 인식과 이해가 거의 없던 시기였습니다. 특히 시각장애인에 대한 냉소는 더욱 심했습니다.

"앞을 못 보면 아무것도 할 수 없다."

"맹인은 저주받아서 그렇게 된 사람들이다."

"침을 뱉고 소금을 뿌려라."

이런 말들을 들을 뿐만 아니라 시각장애인에게는 물건도 잘 팔지 않았고 차도 태워 주지 않았습니다. 그런 와중에 아내도 어쩔 수 없었을 것입니다. 그 캄캄한 현실은 가슴을 저미는 외로움이 되어 저 자신조차 어떻게 해야 할지 분간하기 힘든데, 얼마나 절망했으면 아내가 아이들을 데리고 제 곁을 떠났을까, 저는 충분히 헤아릴 수 있습니다.

나를 붙잡고 우는 아이들을 데리고 떠나는 아내를 도저히 붙잡을 수 없었습니다. 저는 가족과의 생이별이란 아득한 절망을 맛보았고, 처음으로 죽음을 생각했습니다. 제가 할 수 있는 것은 죽는 길밖에 보이지 않았습니다. 그러나 홀로 남겨진 저에게는 죽음조차 쉽지 않았습니다. 계속된 자살 시도는 실패로 끝났습니다. 왜 그렇게 마지막 생명이 질기기만 했는지요? 실은 하나님께서 못 죽게 막으신 것입니다. 하나님의 계획이 따로 있었습니다.

베드로는 고기잡이 전문가였습니다. 하지만 그는 밤새 그물을 던졌어도 한 마리도 못 잡았다고 합니다. 못 잡은 것이 기적이라고 할 수 있을 것입니다. 하나님께서 못 잡게 하신 것이지요. 베드로를 향한 하나님의 계획이 따로 있었습니다. 온갖 소문난 치료를 받아도 제 시력은 회복되지 않았고, 죽으려던 계획도 뜻대로 되지 않았습니다. 그래도 저는 저를 향한 하나님의 계획을 알지 못했습니

다. 몸부림치며 지쳐서 쓰러졌을 때, 세상 모든 것이 다 끝났다고 한 바로 그때, 새로운 시작의 기회가 주어졌습니다.

학창 시절에 저는 '하나님은 없다'고 써서 아버님이 목회하시던 교회 문에 붙일 만큼 완악했습니다. 제가 없다고 한 바로 그 하나님이 제게 말씀으로 찾아오신 것입니다.

성령님은 제게 "구약성경 320면이 네 것이다. 내가 너를 떠나지 아니하고 버리지 않으리라. 내가 어디든지 너와 함께하겠다. 내가 너의 하나님이 되어 줄 것이니 마음을 강하고 담대히 하라"고 분명하게 말씀하셨습니다.

"나의 하나님이 되어 주시겠다고요? 하나님이 없다고 써 붙인 저의 하나님이 되어 주시겠다고요? 저의 죄를 용서하시겠다고요? 죄인 중의 괴수 같은 저를 당장 죽이지 않으시고, 왜 이 모양으로 만드시기까지 하며 참아 오셨습니까?"

질문을 쏟아내던 그 순간 깨달았습니다. 내가 왜 살아야 하는지 알게 된 것입니다. 삶의 의미가 회복되는 순간이었습니다. 하나님이 강하고 담대한 마음을 주신 것입니다. 담대함은 죽음을 묵상하던 제게 크고 위대한 변화의 첫걸음을 내딛게 해주었습니다.

말씀을 들음으로 저는 암흑 속에서도 담대할 수 있었고, 어두운 방을 기어 다니며 부딪히면서도 입술을 열어 하나님을 찬양하는 찬송을 부를 수 있었습니다.

"이 세상의 친구들 나를 버려도 나를 사랑하는 이 예수뿐일세."

찬송을 부르며 용기를 얻었고, 이제 담대한 마음으로 살아야겠다고 결심하며 집 밖으로 나갔습니다. 모험을 두려워하지 않고 믿음으로 살기 위해서는 울타리 밖으로 나가야 했습니다.

저는 골리앗과 다윗의 싸움을 자주 이야기합니다. 다윗이 승리했습니다. 하지만 다윗이 이겼나요? 다윗이 믿는 하나님이 담대하고 강한 능력으로 함께하신 것입니다.

저는 앞을 못 보는 시각장애인이 되었지만, 함께하시는 하나님을 믿고 노숙 생활을 시작했습니다. 광야의 길에 들어선 것입니다. 노숙을 하면서 억울하게 도둑으로 몰려 심한 구타를 당한 일도 있습니다. 깊은 밤에 한지붕 밑에서 가족들과 단란한 시간을 보내다 잠자리에 드는 사람들을 생각하면 견딜 수 없는 고독감이 밀려왔습니다. 비가 내리면 빗물이 목 언저리를 타고 등으로 흘러내렸습니다. 눈을 뜨겠다고 바늘로 치료받으며 생긴 상처에 염증이 생겨

살이 갈라지는 고통을 참아야 했습니다. 사납게 퍼붓는 빗줄기 속에서 팔을 휘적거리며 비를 피할 수 있는 곳을 찾아다녔습니다. 가장 견딜 수 없는 고통은 배고픔이었습니다. 집 안에서 나는 밥 냄새가 코에 스멀스멀 다가오면, 앞을 보는 거지들은 쓰레기통이라도 뒤져서 끼니를 해결할 수 있지만 저는 쓰레기통이 어디 있는지조차 분별할 수 없었습니다. 쓰레기통을 뒤질 수 있는 눈 뜬 거지가 마냥 부러웠습니다.

처음으로 구걸을 하기 위해 남의 집 대문을 두드렸습니다. 젊은 아가씨가 나와 "누구세요?"라고 물었지만 저는 대답을 하지 못했습니다. 그 아가씨는 가만히 제 행색을 살펴보더니 안으로 뛰어 들어가 "엄마, 우리 집에 장님이 찾아왔어. 어떻게 해?"라고 물었습니다. 안에서 "야, 빨리 소금 내다 뿌려!" 하는 소리가 들리더니 실제로 제 앞에 소금을 뿌리는 것이었습니다. 저 자신에 대한 견딜 수 없는 모멸감이 밀려왔습니다.

'아, 내가 이런 사람이 되었구나!'

사탄은 영악하기 이를 데 없습니다. 제가 힘들고 어려울 때 사탄은 어김없이 찾아와서 하나님의 약속은 거짓이라고 비아냥거렸습니다.

'지금 네 꼴을 봐. 하나님이 안 떠나고 안 버린 거라고 할 수 있어? 하나님은 말만 듣기 좋게 하지, 절대로 책임을 안 져! 더 이상 속아서 고생하지 말고 저 빵빵거리는 차에 뛰어들어 죽어 버려! 그러면 아픔도 고난도 배고픔도 없는데 왜 그렇게 하고 다녀?'

눈앞에 벌어지는 현실은 사탄의 말이 맞는 것 같았습니다. 그렇게 하고 싶은 마음과 싸워야 했습니다.

이런 사탄을 어떻게 이길 수 있을까요? 아무리 건장한 남자라도 바다 속에서 식인상어를 상대로 이길 수 없습니다. 상어를 이기는 방법은 상어를 뭍으로 끌어 올려야 합니다. 마찬가지로 이 영악한 사탄을 이기려면 다른 방법이 없습니다. 말씀 안으로 끌고 들어와서 말씀과 기도로 물리쳐야 합니다. 그러면 하나님이 도와주십니다. 믿음으로 이길 수 있도록 하나님께서 힘을 주시고 승리의 그늘로 인도하십니다.

광야 생활에서 사탄도 만났지만 천사도 만날 수 있었습니다. 한 번은 몸살감기로 몹시 아팠던 적이 있습니다. 피로와 영양실조가

쌓여 열이 펄펄 끓는 몸으로 전신주에 기댄 채 신음소리를 내며 시름시름 앓고 있었습니다. 그때 지나가던 한 여인이 어디가 아프냐고 묻더니 제 이마를 짚어 보고는 깜짝 놀라서 제 팔을 잡고 약국으로 데려가 약을 부탁하고, 약사가 조제한 약을 먹여 주었습니다. 그리고 돈 얼마를 쥐어 주면서 "그래도 하나님은 당신을 사랑하십니다. 기도하겠습니다. 끝까지 도와드리지 못해서 미안합니다"라는 말을 남기고 사라졌습니다.

그분이 어디 사시는지, 누구인지, 무엇을 하는 분인지 저는 알 수 없었습니다. 하지만 분명한 것은 높은 보좌에 계시면서 낮은 곳을 살피시는 하나님께서 지나가는 한 여인을 사랑의 천사로 보내어 저를 도와주신 것입니다. 하나님의 부름을 받고 천국에 가면 이 모양 저 모양으로 저를 도와주신 많은 천사들을 만날 것을 생각하니 무척 기대되고 설렙니다.

부딪히고 넘어지고 어디로 가야할지 몰라 헤매던 매순간이 죽음과 결부된 시간이었습니다. 천지가 깜깜한 사람이 정처 없이 이곳저곳을 돌아다녔습니다. 하지만 하나님은 저를 어디론가 인도하고 계셨습니다. 그곳이 바로 서울역입니다. 집을 나와 떠돌다 서울역에 이르기까지 얼마나 시간이 흘렀는지 정확하게 헤아릴 수 없지만, 피부로 느끼는 계절로 어림짐작컨대 4~5개월 정도로 추측합니다. 제가 살았던 홍제동에서 서울역까지는 차로 7~8분 정도밖에 걸리지 않는 거리입니다. 하지만 왜 하나님께서는 편한 방법을 두고, 이름 모를 골목길을 헤매게 하면서 훈련시키셨을까요?

이스라엘 민족이 출애굽할 때 가나안까지 일주일이면 가는 거리였지만, 하나님은 일주일 만에 보내지 않으셨습니다. 40년을 광야에서 훈련시키셨습니다. 이처럼 하나님은 훈련시킨 후에 사용하십니다.

밤 한 톨을 먹기 위해서는 사나운 가시와 딱딱한 껍질을 벗겨 내고 속껍질을 벗겨야 하는 것처럼 하나님은 저를 그렇게 다듬어가셨습니다. 교만과 방종과 쓸모없는 자존심을 모두 다 벗겨 버리려고 깎고 다듬으신 것입니다. 그 깎고 다듬는 과정을 통해 저를 온전하고 신실하게 만든 후 사용하려고 하신 것입니다. 높은 보좌에 계시면서도 항상 낮은 곳을 굽어 살피시는 하나님이 그런 귀한 훈련의 시간을 제게 허락하셨습니다.

감사하면 버릴 것이 없다는 말씀이 있습니다. 감사에는 조건이

없습니다. 사회를 떠들썩하게 하는 뉴스에는 많은 사람들이 인신매매범에게 납치당해 팔려가기도 하고, 노예 같은 생활을 하며 노동력을 착취당하기도 하고, 장기이식에 이용당하기도 하고, 앵벌이로 구걸하는 일을 시킨다는 보도가 끊이지 않습니다. 멀쩡해 보이는 사람들도 끌려가서 그런 악한 사람들에게 이용당하는 세상입니다. 어려운 시대에 도처에 도사리고 있는 나쁜 사람들이 저 같은 시각장애인을 노렸다면, 저는 그들의 마수에서 벗어나지 못했을 것입니다.

하나님께서 제가 숨 쉬는 순간마다 그들의 눈을 감게 하시고, 그들의 마음을 붙잡으시어 제가 끌려가지 않고 노숙 생활을 하다가 안전하게 하나님이 예정하신 서울역으로 갈 수 있었습니다. 그 사실 하나만으로도 주님의 은혜와 사랑이 얼마나 무한한지 헤아릴 수 없음을 고백합니다.

서울역, 그곳은 저에게 가나안과 같은 곳이었습니다. 서울역에서 저는 많은 천사들을 만났습니다. 제가 서울역에 막 도착했을 때입니다. 방향을 몰라 허우적거리고 있을 때 지나가는 한 소년이 물었습니다.

"아저씨, 어디를 찾으세요?"

"응, 나는 앞을 볼 수가 없어. 서울역 안에 의자가 있는 곳에 나를 앉혀 줄 수 있겠니?"

"그래요, 도와드릴게요!"

그러고는 그 소년은 저를 안내하여 의자에 앉혀 주었습니다. 저는 거기서 그대로 시간 가는 줄 모르고 피곤한 몸을 쉬고 있었습니다. 그 주위에 구두 닦는 아이들이 있었는데, 제가 같은 자리에 계속 앉아 있는 모습이 이상하고 궁금했던지 한 소년이 다가와 고맙게도 말을 걸어 주었습니다.

"아저씬 왜 하루 종일 여기 계세요? 집이 없으세요?"

"응, 아저씨는 갈 곳이 없어! 혹시 나를 도와줄 수 있겠니?"

"뭔데요?"

"나 화장실을 가고 싶거든."

"제가 같이 갈게요."

그렇게 해서 그들과 인연을 맺게 되었습니다. 하루하루 시간이 흐르면서 아이들과 더 가까워지게 되었습니다.

처음에 아이들은 "아저씨, 저희들이 가까이에서 구두 닦고 있으

니까요. 아무 때라도 필요한 게 있으면 소리 지르세요. 저희가 달려올게요”라며 자신의 무리에 나를 포함시켜 주었습니다.

그런데 어느 날 “아저씨가 여기 혼자 있으니까 우리가 불안해. 우리가 있는 곳으로 모시고 가자” 하면서 그들이 손님들의 구두를 닦고 있는 자리 옆으로 저를 데려가서 한 가족으로 여겨 주었습니다. 그때 저는 저 때문에 아이들이 괜스레 좋아하고 신바람을 내는 느낌을 받을 수 있었습니다. 자기들끼리 모여 옹기종기 지내다가 어른 한 사람이 함께하니 그 존재감만으로도 든든하고 마음이 편했던가 봅니다.

제가 앞을 보지 못한다는 사실이 그 소년들의 친구들 사이에 퍼져 나갔습니다. 그들이 나누는 화제의 중심에는 항상 제가 있었습니다.

“저 아저씨는 보기에는 눈이 멀쩡한 것 같은데 못 본다고 그러시네. 왜 눈이 멀었지? 어떻게 여기 왔을까?”

그들은 저에 대해 몹시 궁금하게 여겼습니다. 아이들과 저는 점점 친숙해졌습니다. 또 번갈아 가며 자기들끼리 저를 도울 수 있는 시간표를 짜는 것 같았습니다. ‘몇 시부터 몇 시까진 네가 도와라.

몇 시부터 몇 시까진 내가 도울게' 이런 식으로 말입니다. 그들과 지내면서 제 생활의 범위가 점점 그들과 같아졌고, 저의 존재는 그들 가운데 자리 잡게 되었습니다.

재미나는 일도 있었습니다. 그때 저는 오랫동안 이발을 하지 못하여 장발인데다가 머리를 감지 못해 엉킨 머리털에 비듬이 수북하게 덮인 모습이었습니다. 게다가 몇 달 동안 면도를 하지 못하고 있었습니다. 저는 얼굴에 수염이 퍽 많아서 이삼 일만 면도를 하지 않으면 얼굴이 수염으로 덮이는데, 몇 달을 면도를 못한 채 지냈으니 얼굴에 수염이 난 것이 아니고 머리털이 나 있는 듯한 흉측한 몰골이 되어 버렸습니다. 찢어진 입술, 열린 눈, 튀어나온 코 외에 수염이 머리털처럼 얼굴을 무성하게 덮은 모습은 거의 사람이라고 볼 수 없는 형상이었습니다. 그런데 그런 제 모습에 아이들은 신이 났습니다.

그들은 저에게 바구니를 선물로 주었습니다.

"아저씨, 됐어! 아저씨도 돈을 벌 수 있겠어! 이 바구니 놓고 가만히 앉아 있으면 사람들이 아저씨를 도와줄 거야!"

실제로 제 모습을 본 행인들이 동정심이 생겨서 바구니에 돈을

넣어 주었습니다. 저에게 '구걸하는 맹인'이라는 새로운 직업이 생겼습니다. 가만히 앉아 있기만 하면 바구니에 동전이 쌓였습니다.

아이들은 더 이상은 안 되겠다 싶을 정도로 수염이 길어지면 가위를 가져와서 수염의 끝단을 붙잡고 싹둑싹둑 잘라 주었습니다. 입술 밑의 수염만 깎아도 사람 같아 보였는지, 아이들은 탄성을 질렀습니다.

"야, 아저씨 수염 조금만 잘랐는데도 멋있다. 아저씨, 참 잘 생겼다!"

저는 그들과 생활하면서 인간이 더불어 살아가는 끈끈한 정을 느낄 수 있었고, 세상의 또 다른 아픔과 상처, 눈물을 알게 되었습니다. 그들은 자신의 앞을 지나다니는 수많은 또래 아이들이 입은 교복, 모자, 책가방을 사무치게 부러워했습니다.

저는 아이들 각각의 형편과 처지를 듣게 되었습니다. 어떤 아이는 이야기를 하다가 울음으로 목이 메곤 했습니다. 가난하게 살던 어느 날, 엄마가 자기를 데리고 서울역에 와서 의자 한 곳에 앉히고 빵을 하나 손에 쥐어 주고는 "엄마가 조금 있다 다시 올게. 기다리고 있어"라는 말을 남기고 사라졌다고 합니다. 그렇게 떠난 엄마는 밤이 깊어도 이튿날 아침에도 오질 않았다고 합니다. 소년은 목이 쉬도록 울어도 소용이 없었습니다. 그 일 이후 서울역의 선배격인 다른 소년들과 어울리다 보니 서울역 주변을 맴도는 소년으로 생활하게 되었습니다. 그러니 엄마와 같이 길을 걷고 있는 자기 또래의 아이가 지나갈 때면 얼마나 마음이 아프겠습니까?

어떤 아이는 고아원에 있었는데 학대가 심해 도망쳐 나왔다고 합니다. 또 다른 아이들은 가정불화로 부모님이 이혼하고 이혼하자마자 각각 다른 부인과 남편을 만나 살다 보니, 고아 아닌 고아가 되어 이곳까지 흘러 들어와 생활하고 있다는 것입니다. 아이들 각자의 사연을 듣다 보면 가슴이 저려서 도저히 눈물 없이는 이야기를 들을 수 없었습니다.

자기 또래의 구두를 닦을 때 "왜 요 모양으로 닦았어?"라고 욕을 먹게 되면 아이들은 울먹이면서 눈물을 참아야 했습니다.

"아저씨, 교복 입은 저 애들이 우리 마음을 어떻게 알겠어?"

아이들의 이 마음은 제 가슴을 찢는 말이었습니다. 경험해 보지 않으면 절대 알 수 없는 슬픔입니다. 배부른 사람이 밥을 하면 적은 양의 밥을 짓게 마련입니다. 하지만 배고픈 사람이 밥을 하면

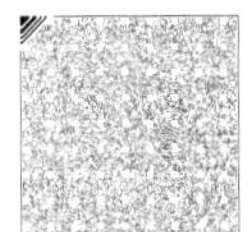

밥을 많이 짓습니다. 서울역 아이들이 입어 보지 못한 교복을 마음속으로만 부러워하며 흘리는 아픈 눈물이 제 가슴속에 깊이깊이 새겨져 하나님이 주신 소원을 키우게 되었습니다.

엘리야가 요단강변에서 굶어 죽게 되었을 때 하나님은 그대로 내버려 두지 않으시고 까마귀를 통해 떡과 물을 공급해 주셨습니다. 그 하나님께서 천사들을 보내어 저를 돕도록 인도해 가셨습니다. 서울역 아이들을 통해 제가 얼마나 잘못 살았는지 알게 되었습니다. 실명하기 전까지 저의 삶은 오직 저 자신만을 위한 삶이었습니다. 이웃들을 전혀 생각하지 않았습니다. 저의 깨달음은 회개가 되었고, 나아가 이들을 도울 수 있도록 간절하게 기도하게 되었습니다. 그것은 축복이었습니다.

그의 마음의 소원을 들어 주셨으며 그의 입술의 요구를 거절하지 아니하셨나이다 (시 21:2)

하나님은 새로운 소명을 저에게 주셨습니다. 서울역 아이들은 배움에 대한 간절한 열망이 있었습니다. 이들의 소원인 배움의 기회를 열어 주고 싶었고, 육신의 눈은 보이지만 영의 눈이 어두워서 하나님을 모르는 이들에게 제가 만난 하나님, 살아계신 하나님의 복음을 심어 주고 싶었습니다.

저는 밤마다 눈물을 뿌리고 울부짖으며 하나님께 부족한 저를 사용해 달라고 기도드렸습니다.

"전능하신 하나님, 천지만물을 주관하시는 하나님, 저는 하나님을 믿습니다. 하나님은 하실 수 있다고 믿습니다. 하나님, 제 소원에 응답해 주십시오."

당시 서울역 주변에는 다방이 많아 구두닦이 아이들이 역 근처에 모여 살았습니다. 그들은 제가 어떻게 여기까지 왔고, 왜 시각장애인이 되었는지 궁금하게 여겼습니다.

"나는 원래 맹인이 아니야, 맹인이 된 지 얼마 안 되었어, 아저씨는 맹인이 된 후에도 여자고등학교에 가서 프랑스 말을 가르쳤지. 참, 아저씨는 불어를 전공한 사람이었거든. 그래, 너희들이 생각하는 대로 글을 못 봤지. 못 보는 사람이 보는 학생들을 가르치는 일이 얼마나 힘들었겠니? 항상 불안하고 가슴이 아팠고 억울하

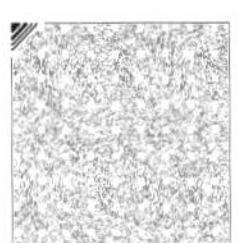

기도 하고 속상하기도 하고 그랬어. 그런데 어느 날 맹인인 것이 탄로났지 뭐야. 그래서 쫓겨나게 되었어. 내 인생은 다 끝났다고 생각했는데 하나님께서 서울역으로 인도해 주셔서 너희들을 만나게 된 거야.”

그때 아이들은 그 이상은 들을 필요가 없다는 듯이 제게 확 달려들면서 목을 껴안았습니다. “아저씨가 선생님이었다고요? 그럼 됐어요. 선생님! 저희들은 선생님이 필요해요. 다시 저희들의 선생님이 되어 주시면 되잖아요”라며 울부짖었습니다.

“다시, 선생님?”

그 순간에 뜨거운 성령의 감동을 느끼게 되었습니다. 제 온 몸이 뜨거워졌습니다. 성령님께서 제게 속삭이셨습니다.

“요한아, 알았지? 이것이 내가 너를 향한 계획이었단다. 너는 끝난 게 아니야. 다시 시작하는 거야. 내가 너를 도와주겠다.”

그 약속의 말씀은 가슴에 항상 남아 제 인생을 이곳까지 인도해 주셨습니다. “왜 저입니까? Why me?”가 해결되는 순간이었습니다.

내가 왜 시각장애인이 되었고, 왜 버림을 받았고, 하나님께서 왜 서울역으로 나를 보내시어 이 아이들을 만나게 해주셨는지……. 이것이 모두 하나님의 계획 안에서 이루어진, 하나님의 뜻이라는 것을 깨닫게 된 것입니다.

저는 그 깊고 깊은 하나님의 사랑에 무릎을 꿇지 않을 수 없었습니다. 하나님의 은혜를 깨닫고 알면 알수록 기도의 무릎으로 나아오게 됩니다. 그리고 마음속 깊은 곳에서 감사의 고백이 터져 나오고 기쁨이 충만하게 됩니다.

"하나님, 그러시다면 제가 맹인이 된 것을 감사할 수 있어요. 버림받은 것도 감사하고요. 서울역으로 보내 주신 것도 감사하고, 우리 사랑스런 아이들을 만나게 해주신 것도 감사해요."

하나님이 나를 버리신 것이 아니구나, 나와 동행하고 계시는구나. 나를 도우시는 하나님임을 확신할 때마다 이 성가를 부르게 됩니다.

지나온 모든 세월들 돌아보아도
그 어느 것 하나 주의 손길 안 미친 곳 전혀 없네
오 신실하신 주 오 신실하신 주

내 너를 떠나지도 않으리라

내 너를 버리지도 않으리라

약속하셨던 주님 그 약속을 지키사

이후로도 영원토록 나를 지키시리라 확신하네

저는 서원했습니다.

"하나님께서 약속을 지켜 주셨으니 저도 감히 하나님께 약속하겠습니다. 제 생명을 부르시는 그날까지 제가 만난 하나님을 땅끝까지 증거하며 살겠습니다."

저는 이 약속 때문에 제 육신이 병들고 쇠약해져도 복음을 전하는 바쁜 여정을 계속해 가고 있고, 어떤 어려움이 있어도 복음의 씨앗을 전할 필요가 있는 곳이라면 힘을 내어 달려가려고 노력하고 있습니다. 환대를 받든 박대를 받든 전혀 상관없습니다.

저는 복음에 빚진 자이기 때문입니다. 혹독한 가난과 어려움을 견디며 교회를 개척하시던 아버지를 괴롭혔고 신학교를 뛰쳐나온, 죄인의 괴수였던 제가 주님의 은혜를 받고 일생 빚진 자가 되었습니다. 하지만 은혜를 받은 후에도 마음이 연약하여 순간순간

죄를 짓고 성령님을 슬프게 하며 살 때가 많았습니다.

    주의 귀한 은혜 받고 일생 빚진 자 되네

    주의 은혜 사슬되사 나를 주께 매소서

    우리 맘은 연약하여 범죄하기 쉬우니

    하나님이 받으시고 천국인을 치소서

이 찬송을 부르며 기도드렸습니다.

"은혜의 쇠줄로 나를 꽁꽁 묶어 도망가지 않고 오직 하나님만 바라보고 살도록 해주십시오."

지금까지는 내 계획과 방법으로 살았지만, 이제는 온전히 하나님의 방법으로 낮은 곳을 섬기며 사는 데 전심전력을 다하게 되었습니다.

아버지 안진삼 목사

안진삼安鎭三, 2003년 95세를 일기로 하늘나라로 가신 선친의 존함입니다. 저의 삶은 선친을 빼놓고는 말할 수 없습니다. 앞에서 이미 두어 번 말씀드린 선친의 이야기로 짐작하셨을 것입니다.

평안남도 안주가 고향인 선친은 청소년 시절 복음을 접하신 후 믿음의 세계에 들어가셨습니다. 제가 태어나던 해인 1939년 선친은 소명을 받고, 안주노회에서 실시한 전도사 고시에 응시하여 합격하셨습니다.

선친은 자신의 소명을 기념하여 제 이름의 항렬자인 '병炳'을 무시하고, 성경 인물인 '요한'이라고 정하셨습니다. 평양으로 가서 평양숭신성경학교와 평양고등성경학교를 졸업하고, 1941년 평양장로교신학교 예과에 입학했습니다. 모든 재산을 평양장로교신학교에 헌납한 선친은 1943년 예과 졸업과 동시에 본과에 입학했고, 해방되던 해인 1945년에 졸업하셨습니다. 8·15해방 후 공산당의 박해를 피해 월남하여 서울에 오신 후에는 잠시 정부기관에서 근무하셨습니다.

6·25 전쟁 때 저의 가족은 미처 피난을 가지 못하고 납북 행렬에 끼어 북으로 끌려갔습니다. 기차에 실려 가는 도중에 공산당원의 아들이 갑자기 열병으로 숨진 일이 있었습니다. 모두 당황하여 갈팡질팡할 때 아버지는 "나는 교역자요. 내가 당신의 죽은 아들을 위해 기도해 주고 싶소"라고 말씀하시고, 그 아들을 기찻길 옆에 묻은 후 십자가를 세우고 기도해 주셨습니다.

북의 강제노동수용소로 끌려간 우리 가족은 한 달여를 강제노동에 시달리며 목숨을 이어 가고 있었습니다. 어느 날 인민군이 들이닥치더니 갑자기 사람들을 끌어내기 시작했습니다. 국군과 UN군의 북진으로 압록강까지 밀려난 북한 정권이 수용된 사람들을 모두 사살하라는 명령을 내렸다는 것입니다. 우리 가족은 마지막이라고 여기고 서로 끌어안고 두려움과 공포로 오열했습니다. 그때 한 공산당원이 우리 가족을 한쪽으로 데리고 가더니 아버지께 "당신이 나의 죽은 아들을 위해 기도해 줬지. 지금 그 빚을 갚을 테니 가족을 데리고 빨리 도망가시오" 하며 우리를 수용소 뒷문으로 이

끌고 갔습니다.

수용소를 빠져나와 뒷산을 넘어가는데 멀리서 "뚜뚜두두……" 하며 생명을 앗아가는 총소리가 들렸습니다. 우리 가족은 가슴을 도려내는 듯한 비통한 심정에 무거운 걸음으로 남쪽을 향했습니다.

다시 남으로 온 선친은 함양에서 목회를 하며 1952년 경남노회에서 목사 안수를 받으셨습니다. 당시 우리는 거제도에서 피난생활을 하고 있었는데, 아버지는 교회에서 받은 사례금을 가난한 가족에게 보내지 않고 교회에 다시 헌금하곤 하셨습니다.

함양교회 담임목회에 이어 군목 생활을 하셨고, 전역한 다음에는 대전의 상이군인 요양원 원목을 하신 다음, 가난한 지역들을 찾아다니며 목회 활동을 이어 가셨습니다.

그 시절 목회자들의 가난과 고난은 이루 말할 수 없었습니다. 우리 가정은 3남 5녀의 대가족이었기 때문에 청빙하는 교회가 별로 없었습니다. 선친은 소신껏 목회를 하기 위해 교회를 개척하는 일이 많았는데, 부족한 것들로 가득한 시골에서 교회를 개척한다는 것은 고난의 연속이었습니다. 땅을 파고 벽돌을 만들고, 벽을 쌓고, 지푸라기를 엮어 지붕을 씌워서 교회를 세우고, 동분서주하면서 전도하여 교인이 40~50명 정도 모여 웬만큼 자리가 잡히면 아버지는 머물러 계시지 않고 다시 개척할 곳을 찾아 나섰습니다.

어머님을 포함해서 아홉 명의 인부(?)가 있었으니 인건비가 안 들어서 좋다고 하셨습니다. 어머니는 "내 평생 소원이 수돗물이 나오는 집에서 사는 것이다"라고 하실 정도로 아버님은 주로 깊은 시골을 찾아다니며 목회를 하셨습니다.

선친이 강경에서 목회하실 때 저는 기차로 통학하며 대전고등학교를 다녔습니다. 그때 어머니가 싸주는 도시락은 꽁보리밥이 전부였습니다. 그것을 친구들에게 보이기 싫어서 도시락을 팽개치고 도망치듯 집을 나서는 저를 어머니가 쫓아오셔서 도시락을 쥐어 주셨습니다. 저는 화가 나서 도시락을 땅바닥에 힘껏 내던지고 기차에 올라탔는데 기차에서 창밖을 보니……. 어머니는 눈물을 훔치시며 땅 바닥에 나딩구는 밥알을 하나하나 주워 담고 계셨습니다. 그 모습은 평생 제 가슴에 깊이 새겨져 있습니다.

가난과 아울러 교회 안의 교인들과 지역 주민들 때문에 고통을 겪는 우리 가족의 어려움을 보면서 저는 교회와 신앙에 큰 반발심을 갖게 되었습니다. 아니, 반발을 넘어 증오했고, 분노가 가득한

제 마음은 교인들의 눈살을 찌푸리게 하는 행동으로 표출되었습니다. 자연히 저는 아버지의 목회에 큰 걸림돌이 되었고, 아버지와 어머니는 눈물을 쏟으시며 기도로 보내는 날들이 많았습니다.

지금도 많은 분들이 "목사님이 앞을 보지 못하게 된 후, 그렇게 힘들게 고생했는데, 부친께서도 목사님이고 형제들도 많은데 왜 목사님을 돌보지 않았습니까? 또 목사님은 왜 부모님을 찾아가지 않았습니까?"라고 묻곤 합니다.

실명하고서 외롭고 춥고 배고픈 생활을 하고 있을 때 저는 부모님이 너무나 그리웠습니다. 하지만 찾아가지 않은 이유가 있었습니다. 그때 선친은 해변의 조그만 마을에서 목회를 하고 계셨습니다. 그 마을에는 미신이 강하게 퍼져 있었고 무당들이 많아서 저녁이 되면 "둥둥" 굿하는 소리가 마을 전체에 울려 퍼지곤 했습니다.

그런 곳에 목사의 아들이 시각장애인이 되어 가정은 깨어졌고, 거지 모습을 하고 나타나서 목사관 방구석에 가만히 앉아 있다면, 아버지의 목회에 엄청난 어려움이 될 것이 분명했습니다. 그러지 않아도 제가 실명했다는 사실이 알려지면서 그 마을에는 "야, 너 교회에 가지 마라. 목사 아들이 눈이 멀었단다. 너도 교회 가면 맹인 된다. 가지 마라” 하는 이야기가 퍼지고 있었습니다.

평소 어버이의 마음을 아프게 하고 목회의 훼방꾼이던 아들이 어른이 되어서도 아버지 목회에 여전히 큰 방해가 된다는 것은 죄송한 일이었습니다.

실명 후 선친이 목회하고 계신 곳을 더듬어서 찾아간 일도 있었지만, 눈물을 닦으며 돌아섰습니다. 그러다 다시 부모님 집을 향했다가 입술을 깨물고는, “내가 아버지의 마지막 사역을 도와드리는 길은 부모님 앞에 안 나타나는 것뿐이다”고 다짐하면서 발걸음을 돌렸습니다. 지금 생각해 봐도 옳은 선택이었고, 그렇게 견딜 수 있도록 하나님께서 도와주셨다고 확신합니다.

제가 신학교 입학허가서를 받고 나서 이 기쁘고 감격적인 소식을 부모님께 전해 드리고 싶어서 홀로 어려움을 겪으며 더듬어서 집을 찾아간 적이 있습니다. 당시 어머니는 한 번도 대문을 잠그지 않으셨다고 합니다. 언젠가는 아들이 돌아올 것이라 믿으셨기 때문입니다.

어머니는 저를 너무나 잘 알고 계셨습니다. 저는 원래 소심하여 마음도 약하고, 자랄 때는 남의 집에 가면 밥을 못 먹었습니다. 무

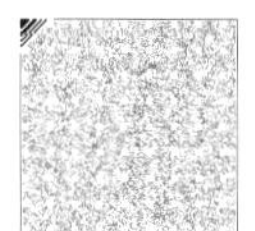

슨 말을 전하라는 심부름을 보내도 말은 전하지 못하고 손가락만 만지작거리다 돌아오는, 숫기 없는 성격이었습니다.

어머니는 '이 아들이 엄마 생각이 나서 집에 왔다가 문이 잠긴 것을 알면 문을 두드릴 용기가 없어 그냥 돌아갈 것'이라고 정확히 짚으셨기 때문에, 돌아오면 언제라도 들어올 수 있도록 대문을 활짝 열어 놓고 주무신 것입니다.

"어서 돌아오오. 어서 돌아만 오오. 우리 주는 날마다 기다리신다오. 밤마다 문 열어 놓고 마음 졸이시며 나간 자식 돌아오기만 밤새 기다리신다오"라는 찬송가 가사 그대로였습니다.

놀랍게도 어머니는 그날 제가 찾아올 것을 이미 알고 계셨습니다. 전날 밤에 기도하는 가운데 하나님께서 "아들이 내일 올 것이다"라고 말씀해 주셨다고 합니다.

그래서 주무시지 않고 저를 기다리셨습니다. 제가 대문에 들어섰을 때 아버지는 "어서 오너라" 하시고 따뜻한 아랫목에 저를 앉게 한 후, 제가 평소 좋아하던 삶은 계란을 주시면서 제 손을 붙잡고 기도해 주셨습니다.

"하나님! 감사합니다. 하나님이 없다고 교회 입구에 글을 써 붙이던 아들이 하나님이 계시다고 하오니 용서해 주옵소서. 하나님 아버지, 자기만을 위해 살던 이 아들이 하나님 일을 위해 살겠다고 하오니 사용하시고 역사해 주옵소서! 이제 이 아들을 통해 하나님의 나라가 넓혀지고 구원의 역사가 이뤄지는 쓸모 있는 아들로 다듬어 주시고, 주께 영광 돌리는 아들 되게 하여 주옵소서!"

저는 아버지의 이 기도를 늘 가슴에 새기고 있습니다.

지금도 코스모스를 떠올리면 선친이 생각납니다. 대학을 졸업하고 일반 대학원 진학을 준비하고 있을 때, 지방에서 목회하시던 아버지로부터 빨리 집으로 내려오라는 전보를 받고 집으로 달려갔습니다. '무슨 일일까? 등록금을 보태 줄 능력이 있는 것도 아니시고, 식구 가운데 몸이 불편한 사람이 생겼나?' 여러 가지 생각을 하면서 중앙선을 타고 내려갔습니다. 제가 탄 열차는 완행열차였는데, 그 열차마저도 하루에 한 번만 서는 간이역이 있었습니다. 그 역에 기차가 멈췄을 때 차창을 통해 화사한 햇빛이 내리쬐는 풍경을 내다보고 있었습니다. 금테 두른 모자를 쓴 나이 많은 역장님이 역사에서 나와 상행차와 하행차를 맞아 주고 있었는데, 그 작고 초라한

역사 옆으로 나지막한 언덕이 있었고, 그 언덕에 드문드문 코스모스가 피어 있었습니다. 바람이 불어서 목이 긴 코스모스가 끄떡끄떡 아래위로 고개를 흔드는 모습이 마치 저를 향해 끄떡이는 것 같았습니다. 저는 '저 꽃이 왜 나를 향해 저렇게 끄떡끄떡하고 있을까?' 궁금했습니다. 순간 코스모스 꽃무더기가 제게 "네가 아버지의 부름을 받고 내려가고 있지? 아버지가 너에게 어떤 얘기를 하든지 너는 이렇게 끄떡끄떡 순종해라. 알았지?"라고 이야기를 건네는 것으로 느껴졌습니다. 저는 혼잣말로 웃으면서 코스모스와 대화를 나눴습니다.

"그래, 코스모스야, 알았어. 네가 끄떡끄떡한 것처럼 나도 아버지께 순종할게. 고마워! 올라올 때 또 보자."

아버님께서 굳은 표정으로 일반 대학원 진학을 포기하고 신학대학원에 가라는 끔찍한 권면을 하실 때, 당신의 눈물을 본 순간 저는 그 코스모스가 떠올랐습니다. 코스모스는 다시 한 번 상기시켜 주었습니다. '내가 끄떡끄떡한 것처럼 너도 아버지 앞에 순종하겠다고 했잖아?'

목회자의 길을 가라는 아버님의 말씀에 순종하긴 힘들었지만,

'만약 예수님이 계신다면 코스모스를 통해 나에게 메시지를 주셨는지도 몰라. 그래, 약속을 지켜야지'라고 생각하며 신학교에 가겠다고 했습니다.

선친과 한 이 약속을 처음에는 제대로 지키지 않았습니다. 중간에 신학교를 뛰쳐나왔기 때문입니다. 그러나 아주 힘든 광야 길을 거쳐 십여 년이 지난 뒤 다시 신학교에 돌아감으로써 저는 선친과의 약속을 지킬 수 있었습니다.

코스모스 귀향길은 처음에는 실패인 것 같았지만, 결국 실패가 아닌 새로운 소명의 길이었습니다. 이 일이 계기가 되어 저는 코스모스를 좋아하게 되었습니다. 지금 새빛맹인재활원 가족은 자연을 체험하는 기회를 갖기 위해 주말에 봉사자들의 도움을 받아 과천 어린이대공원이나 녹음이 푸른 지역을 찾아 보행 훈련을 합니다.

과천서울어린이대공원에는 ㄷ자 모양으로 코스모스를 심어 놓은 곳이 있습니다. 우리 식구들이 어떻게 알았는지 "목사님, 코스모스 좋아하시죠?"라고 묻고는 코스모스 꽃잎을 따서 제 양복 윗주머니에 달아 주며 "사랑해요!"라고 하는, 정다운 선물을 건네는

일이 자주 있습니다.

몇 해 전 멕시코의 한 교회에 집회를 갔는데, 어느 집사님이 제가 코스모스와 인연이 깊다는 것을 아시고는 온 강대상을 코스모스로 장식해 주셔서 코스모스 가운데 서서 집회를 한 일이 있습니다.

저는 지금도 마음이 힘들고 불편할 때면 코스모스 꽃밭을 찾아 갑니다. 용인에 맹인 양로원을 지을 때는 주변에 코스모스를 많이 심었습니다. 선친을 생각하면서 아름다운 코스모스 꽃향기를 맡습니다. 부드러운 꽃잎을 만질 때 제 영혼은 새로 피어나 심령이 살아나는 것 같습니다.

실향민인 선친은 2000년에 이산가족상봉단의 일원으로 북에 가서 친척들을 만나시기도 했습니다.

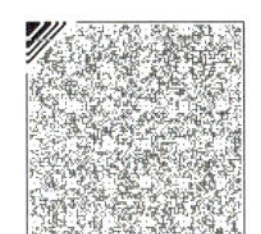

그건 영靈빨이었어

저는 구두닦이 소년들과 생활하면서 극동방송의 영어방송을 들으며, 방송에 나오는 해외 선교단체들에게 계속해서 편지를 보냈습니다. 제 처지와 결심을 적고, 신학을 공부할 수 있도록 도와달라는 내용이었습니다. 시각장애인 노숙자인 제가 외국으로 편지를 보내는 것은 결코 쉬운 일이 아니었지만, 아이들의 도움으로 포기하지 않고 계속할 수 있었습니다.

결국 하나님은 구원의 손길을 보내셨습니다. 미국의 한 선교단체에서 저의 신학공부를 책임지겠다는 답장이 온 것입니다. 구두닦이 소년들은 신이 나서 "우리 선생님이 다시 공부하게 되었다!"며 환호성을 질렀습니다.

어느 신학교가 어디 있는지 교단이 무엇인지 저는 지금도 잘 모릅니다만, 그때는 더욱 그랬습니다. 허나 신학교 입학 문제를 놓고 기도했을 때, 놀랍게도 하나님께서 학교 건물 모습까지 보여 주시는 것이었습니다. 저는 소년들의 안내를 받아서 그 신학교를 찾아갔습니다.

당시 제 모습은 정말 꼴불견이었습니다. 몇 달째 머리를 손질하지 못해 뒷머리는 어깨를 덮을 지경이었고 앞머리는 길어서 틀어 올려 핀을 꽂았고, 깎은 지 오래된 손톱은 길고 까매서 마귀 영감 손톱 같았습니다. 면도를 하지 못한 얼굴에는 덥수룩한 수염이 가득했고, 빨래 한 번 하지 못한 옷에는 오물이 잔뜩 묻어 썩은 냄새를 풍기고 있는데다 양치를 제대로 하지 않아 입에서는 시궁창 냄새가 났습니다. 사랑스러운 우리 아이들은 이 더러운 몸뚱이를 마다하지 않고 서너 명씩 제 팔을 잡아 안내해 주었습니다. 그들은 구두 닦는 도구들이 든 통이 재산목록 1호이고 생명줄이어서 어디를 가나 그 통을 꼭 메고 다녔습니다.

구두약에 찌든 얼굴과 손, 때 묻은 옷에 냄새 나는 차림의 애들이 저를 데리고 어느 신학교의 문을 들어섰습니다.

신이 난 애들은 자신만만하게 말했습니다.

"우리 선생님이 공부하러 왔습니다! 미국에서 돈도 보내 준 거 있어요! 우리 선생님 받아 주세요!"

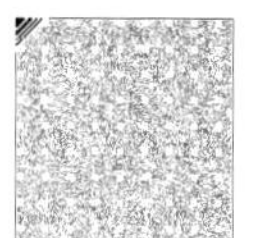

그러나 대답해 주는 사람이 없었습니다. 두 시간쯤 지난 것 같은데 아이들은 아무래도 안 되겠다는 것을 눈치 챈 듯했습니다. 한 녀석이 제 등을 자꾸 쿡쿡 쑤셔댔습니다. 저는 그 아이가 그렇게 하는 의미를 알았습니다. 확 뒤집어 버리고 가자는 것입니다. 또 한 녀석이 제 옷을 자꾸 잡아당겼습니다. 틀렸으니 나가자는 뜻입니다.

"그래, 알았어. 가자."

우리는 돌아서서 교문 밖으로 나왔습니다. 1975년 겨울의 그날은 눈이 참 많이 왔습니다. 함박눈이 펑펑 쏟아져 내리는데, 눈이 녹은 물인지 눈에서 흐르는 눈물인지 분간할 수 없는 물기가 초점 잃은 제 눈에 흠뻑 고였습니다.

어디서 이 아이들이 하나님의 사랑을 볼 수 있을까요? 상처 많은 아이들에게 신학교조차 이런 곳임을 알게 하여 실망시키고 싶지 않았습니다. 저는 펑펑 쏟아지는 눈 속에서 기다렸습니다.

"하나님, 어찌할까요? 하나님, 이 아이들의 마음에 또 상처를 주고 싶지 않습니다. 하나님의 사랑이 머무는 곳으로 저를 인도해 주세요."

그때 하나님은 또 다른 곳을 보여 주셨습니다.

"그래, 수유리로 가자!"

먼 길이었지만, 우리는 꿈을 안고 수유리에 위치한 신학대학교를 찾아갔습니다.

마침 수위실에는 아무도 없었습니다. 수위가 있었다면 우리의 행색을 보고 교문을 통과시키지 않았을 것입니다. 하나님은 그것을 아시고 수위가 잠시 화장실에 가게 했거나, 다른 곳에 가 있도록 하신 것 같습니다.

우리는 신이 나서 어깨를 펴고 수위실을 지나 운동장을 가로질러 건물 2층으로 올라갔습니다. 학교 안으로 들어가기는 했지만, 어디가 어딘지 알 수가 없었습니다. 방 앞에 학장실, 교무처, 학생처, 사무처라고 쓰여 있을 테지만, 우리 애들은 한글을 몰랐습니다. 그래서 제가 '교' 자를 그려 주었습니다.

드디어 교무처를 찾을 수 있었습니다. 문을 열고 들어갔는데 아무도 없었습니다. 연탄난로 위로 큰 주전자에 보리차를 끓이는지 구수한 보리차 냄새가 몸을 푸근하게 해주었습니다.

"아무도 안 계세요?"

애들이 소리를 질렀지만 아무도 없었습니다.

"선생님, 가요! 다른 데 가 봐요. 아무도 없는 것 같아요."

"글쎄, 조금만 더 기다려 볼까?"

그때 발자국 소리가 들렸습니다. "삐걱" 하고 문 열리는 소리가 들리고 또 발자국 소리가 가까이 오고, "쪼르르" 물을 따르는 소리가 들리더니 다시 발자국 소리가 제게 가까이 다가와 누군가 제 손을 덥석 잡았습니다.

지나가는 행인들이 제 손을 스치기라도 하면 병균이 묻을까 봐 손을 닦고 피하는 판인데 도대체 이 사람은 누구이기에 아무 거리낌 없이 내 손을 만지는 건지……? 그분은 따뜻한 보리차 컵을 제 손에 감싸 쥐게까지 해주면서 한참을 꼭 잡아 주었습니다. 아마 기도하는 것 같았습니다. 언제 시각장애인이 되었느냐, 무엇하러 왔느냐, 무엇을 도와줄까, 아무 말도 묻지 않았습니다.

손이 시린 추운 날 따뜻한 물건을 만지면 손끝이 아릿아릿 녹아내립니다. 그런데 그분의 따뜻한 손길로 손끝만이 아니라, 온몸과 마음이 동시에 녹는 것 같았습니다. 몸과 마음이 녹으니 콧물과 눈물이 홍수처럼 흘러내렸습니다. 살아오면서 우는 날이 많았지만,

제 평생에 그때보다 더 진한 콧물과 눈물을 쏟아본 적이 없었습니다. 그날 같이 갔던 네 녀석들도 무엇인가를 느꼈는지 모두 함께 울고 있었습니다. 저는 현기증이 나서 쓰러질 것만 같은 몸을 지탱하느라 힘을 주면서 하나님께 기도했습니다.

"하나님, 감사합니다. 이분이 누군지 모르지만 저도 앞으로 이분처럼 살아가겠습니다."

사랑이 무엇일까요? 사랑은 눈물의 씨앗이라고 노래한 가수도 있고, 〈사랑이 뭐길래〉라는 연속극이 한창 인기를 끈 적도 있습니다. 당시, 교인들이 그 연속극을 보느라 주일 저녁 예배에 지장이 있었던 기억도 납니다. 제가 처음 만난 그분의 따뜻한 섬김은 우리가 흔히 알고 있는 사랑, 말하고 가르치는 사랑보다 훨씬 많은 것을 보여 주었습니다. 사람들은 사랑에 대한 이야기를 참 많이 합니다. 하지만 세상에 사랑이 부족한 이유는 이처럼 보여 주는 사랑이 없기 때문입니다.

성도들은 주님을 만나기를 소원합니다. 주님은 우리에게 먼저 찾아오십니다. 주님은 소자의 모습으로 지금도 우리의 교회와 가

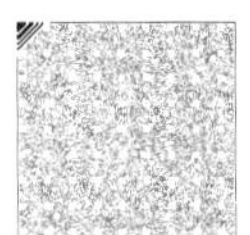

정을 방문하고 계십니다. 꿈속에서 주님을 만났다는 분들의 간증을 들어 보면 주님은 황금마차를 타고 오는 것이 아니고, 무거운 십자가를 메고 가시관을 쓰고 찾아오셨다고 합니다. 오늘도 소자의 모습으로 찾아오시는 주님을 물리치지 말고 무관심으로 일관하지 않았으면 합니다.

그 일이 계기가 되어 저는 1976년 3월 한국신학대학교(현 한신대학) 3학년에 편입하여 다시 새롭게 신학생이 되었습니다. 그분이 누구였느냐고 묻는 분들이 많은데, 저도 그 신학교에 다닐 때 그분을 다시 찾으려고 했지만 찾을 수가 없었습니다.

야곱은 얍복강가에서 어떤 사람과 날이 새도록 씨름을 했습니다. 성경에는 야곱과 씨름한 사람이 누구인지 나오지 않습니다. 그 사람은 "네가 하나님과 및 사람들과 겨루어 이겼음이니라(창 32:28)"고 말합니다. 야곱은 하나님과 하나님이 보낸 천사와 싸웠다는 것입니다.

하늘 높은 보좌 위에 계신 하나님은 천사를 보내실 때도 있고, 사람의 손길을 통해 역사하시기도 합니다. "저 형제를 도와줘라. 저 형제에게 필요한 것을 네가 알려 줘라"는 지시를 받은 분이 천사가 되어 제 손을 잡아 주신 것이라고 생각합니다.

저는 그분이 누구였는지 궁금하게 여기지 않습니다. 그분을 찾는 것은 큰 의미가 없습니다. 어렵게 신학교 문에 들어서기까지 거절감과 소외감으로 상처투성이인 저와 아이들을 위로해 주신 하나님의 손길이었다는 사실이 분명하기 때문입니다.

사도 요한이 도미티안 황제의 핍박을 받고 고도孤島 밧모 섬에 유배당했을 때 사방은 온통 파도가 이는 물결뿐이었습니다. 심한 외로움과 낙망에 빠져 있던 그때 하늘 문이 열리고 계시를 받아 하늘의 영광을 본 후, 하나님이 지금도 돕고 계시고 나와 함께하시는 분임을 깨닫고, 핍박을 이겨내고 어려움을 극복하면서 꿈과 비전을 가지고 앞으로 나아갈 수 있었습니다. 저는 요한의 말씀처럼 하나님이 함께하시는 사랑 속에서 신학을 공부하면서 사명자의 길을 걷기 시작했습니다.

제가 신학대학원에 입학하여 첫 학기 공부를 시작할 즈음은 실명한 지 만 1년이 지난 무렵입니다. 아직 육체적, 정신적, 영적으로 모두 안정되지 못한 상태였습니다. 공부할 준비가 전혀 되지 않

은 몸이었지만, 하나님의 은혜로 신대원 기숙사에 들어가 공부를 시작했습니다. 그때 제 나이는 서른여덟이었습니다. 물리적인 감각도 둔하고 움직이는 것도 쉽지 않아 공부해 가는 데 심적으로 적잖이 힘들었습니다. 그런 저를 교수님이 배려해 주시고, 동료 학생들이 도움을 주어 용기를 낼 수 있었습니다. 함께 공부하는 학생들 중에 제가 나이가 제일 많아서 동기생들은 저를 '안 선생'이라고 존중해서 불러 주었습니다.

저는 강의 시간에 교수님의 허락을 받아 교수님의 강의를 녹음했고 기숙사에 돌아와 몇 번씩 되풀이하며 듣고 또 들었습니다. 그때는 점자가 서툴러서 점자를 잘 활용하지 못하여 오직 녹음된 음성에 의지하여 반복 학습을 했습니다.

그런데 1학기를 마치면서 새로운 어려움에 직면했습니다. 여름방학 동안은 기숙사가 문을 닫아서 지낼 거처가 없어진 것입니다. 이런저런 궁리를 해도 도움받을 만한 곳이 마땅히 떠오르지 않아 기도하고 있었습니다. 그러던 중 하루는 거창 출신의 동료 학생이 다가왔습니다.

"안 선생님, 여름방학 때 기숙사에 있을 수 없으면 대책이 있습니까?"

저는 제 고민을 명확히 짚은 질문에 당황스러워하며 대답했습니다.

"내가 기도하고 있어요. 아직은 딱히 해결책이 주어지진 않았습니다."

"안 선생님, 제가 경남 거창고 출신이어서 안 선생님에 대해 교장 선생님께 말씀드렸더니, 여름방학 때 내려와 하숙하며 학생들을 가르치는 일을 하면 좋겠다고 하셨습니다. 거창고는 여름방학 때마다 전 과목 특강을 하고 있어요. 교장 선생님은 안 선생님께서 영어 과목을 가르치도록 쾌히 승낙하셨는데, 안 선생님 생각은 어떠신가요?"

하나님께 감사할 수밖에 없는 기쁜 소식이었습니다.

'부족한 내게 안식처를 허락하실 뿐만 아니라 할 일까지 주시는구나.'

마음이 환해지면서 어디든 해결책을 주시는 하나님의 응답이란 생각이 들었습니다.

거창은 제 청소년기의 향수가 담겨 있는 고장입니다. 6·25 동란

으로 아버님이 피난을 내려오신 후 거창의 이웃 동네인 함양에서 목회하시면서 저를 그곳 중학교에 입학시키셨습니다. 당시 거창은 공비가 자주 나타나 그 지역을 통과하려면 50~60대의 차들이 경찰 호위를 받으면서 함께 지나가야 했던 위험 지역이었습니다. 저에게 거창은 선명한 기억이 남아 있는 낯익은 곳입니다.

지리산과 덕유산이 멀리 보이는 거창에 세워진 이 고등학교는 기독교 정신 위에 설립된 명문 사학으로서 신앙 교육, 인간 교육, 지식 교육으로 전국에 널리 알려져 있습니다. 강당의 벽에 새겨진, 지금은 고인이 되신 전영창 교장 선생님의 글, '직업 선택의 십계명'은 거창고 졸업생들을 비롯한 우리 사회의 많은 분들에게 큰 감동을 주고 있습니다.

1. 월급이 적은 쪽을 택하라.

2. 내가 원하는 곳이 아니라 나를 필요로 하는 곳을 택하라.

3. 승진의 기회가 거의 없는 곳을 택하라.

4. 모든 조건이 갖추어진 곳을 피하고 처음부터 시작해야 하는 황무지를 택하라.

5. 앞을 다투어 모여드는 곳은 절대 가지 말라. 아무도 가지 않는 곳
   으로 가라.

6. 장래성이 전혀 없다고 생각되는 곳으로 가라.

7. 사회적 존경 같은 건 바라볼 수 없는 곳으로 가라.

8. 한가운데가 아니라 가장자리로 가라.

9. 부모나 아내나 약혼자가 결사반대하는 곳이면 틀림이 없다. 의심
   치 말고 가라.

10. 왕관이 아니라 단두대가 기다리고 있는 곳으로 가라.

이처럼 거창고는 여호와를 경외하는 것이 지식의 근본이라는 교훈을 토대로, 빛과 소금의 역할로 사회에서 필요로 하는 인재를 배출하고 있습니다.

명문대 진학률이 높은 우수한 학교의 고3 학생들에게 가장 중요한 기간인 여름방학 특강을 저같이 부족한 사람이 해낼 수 있을지 걱정스런 마음으로 수업 준비에 임했습니다. 우선, 시내 서점에 나가 학생들 영어 실력에 도움이 될 만한 교재를 구입해서 점자로 교재를 새로 만드는 점역 과정을 거쳐야 했습니다. 저는 나이 들어

실명한 데다가 점자에 대한 감각이 둔하여 책으로 옮기는 과정에서 도움의 손길이 절실했습니다. 영어책을 읽어 주는 사람이 필요했고, 저와 함께 많은 고생을 해야 했습니다. 며칠 밤을 새면서 손가락은 벌겋게 부어오르고 어깨도 아프고 피곤이 쏟아졌지만, 이를 악물고 참았습니다. "하나님, 힘 주십시오!" 부르짖으며 영어책 점역을 겨우 마쳤습니다.

그리고 거창에 내려갔습니다. 동료 학생이 시간을 내어 안내해 주었고, 고맙게도 같이 하숙을 하면서까지 제 생활을 도와주었습니다. 하나님은 이처럼 요모조모로 제 삶에 꼭 필요한 천사들을 때마다 붙여 주셔서 거창에서의 하숙과 교편 생활에 불편함이 없게끔 채워 주셨습니다.

직접 가 본 거창고등학교는 향학열이 대단한 학교였습니다. 더운 여름 교실에서의 학생들 열기는 바깥 온도만큼 뜨거웠습니다. 특히 전성은 교장 선생님은 매우 훌륭한 교육자였습니다. 교장실에 앉아 계시지 않고 교무실에서 평교사들과 똑같은 모습으로 환담을 나누셨고 옷에 온통 분필가루가 묻어 있어서 누가 교장 선생님인지 알아볼 수 없을 만큼 소탈한 분이었습니다. 처음 뵙는 사람은 "교장 선생님, 손님 오셨습니다"라고 해야 저분이 교장 선생님인 줄 알 만큼 겸손한 모습이었고, 교직에 대한 사명감 또한 투철한 분이었습니다. 저는 첫날부터 이런 교장 선생님의 인품에 큰 감동을 받았습니다.

막상 수업을 시작하자 점자책으로 학생들을 가르치는 일이 만만치 않았습니다. 신구약 성경책 한 권을 모두 점역해 놓으면 일반 단행본 크기로 60권 분량이 나옵니다. 점역한 성경책 전체를 가지고 다니려면 용달차에 싣고 갈 수밖에 없는 부피입니다. 당시 거창고 영어 수업을 위해 제가 점역한 교재는 7~8권이 되었는데 그것을 모두 들고 읽으면서 강의를 해야 했습니다. 앞에서 언급한 대로 거창고는 지방 고등학교지만 우수한 학생들이 많아 학생과 교사들 모두 실력이 쟁쟁했습니다. 저는 실력도 부족했지만, 두껍게 펼친 점자책으로 강의를 해야 하는 어려움에 막막한 경우가 많았습니다. 자신 있는 부분은 영어 구문론이었는데, 도표를 그려서 문장을 풀고 문법을 설명하는 방식이었습니다. 구술로 문법과 문장을 설명해 가면서 가장 긴장했던 것은 학생들의 질문이었습니다. 몇 페이지에 있는 문장을 분석해서 문법적으로 설명해 달라는 질

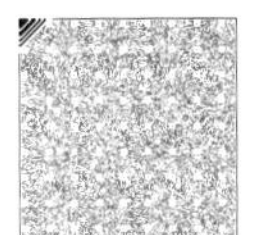

문이 들어오면, 저는 학생들처럼 페이지를 정확히 펼쳐서 볼 수 없기 때문에 7~8권의 점자책 중에 어느 부분에 그 문장이 들어 있는지 찾아내야 했습니다.

어렸을 때부터 점자를 배운 시각장애인들의 실력을 저는 결코 따라갈 수 없었습니다. 어느 시각장애인 목사님은 손으로 점자를 짚어 가며 설교를 하신다는데 저로서는 경이롭고 존경스럽기만 합니다. 점자 한 자를 읽으려 해도 째깍째깍 시간만 흐르고 어려웠던 그때, 질문에 답하려고 점자책을 뒤적거리는 동안 온몸에 진땀이 나고 차라리 쥐구멍이라도 있으면 들어가고 싶은 심정이었습니다.

사실 그 여름방학은 거창고에서 학생들을 가르쳤다기보다 저 자신이 많은 것을 배운 시간이었습니다. 특히 교장 선생님을 비롯한 여러 선생님들의 배려가 없었다면 교단에 설 수 없었을 것입니다. 학생들의 이해와 사려 깊은 마음에 제가 오히려 많은 도움을 받는 입장이었습니다. 평생 잊을 수 없는 고마운 학생들과 소중한 시간을 보내고 신대원에 돌아왔습니다. 지금도 거창에 내려갈 일이 있으면 일부러 거창고 쪽으로 돌아서 가곤 합니다. 좋은 학교를 설립

하신 선생님과 교직원 그리고 당시 제 수업을 받은 학생들에게 감사의 마음을 전합니다.

신학교의 여러 교과목 가운데 저와 신학생들이 제일 힘들어 한 과목은 조직신학입니다. 당시 조직신학 담당 교수는 박봉랑朴鳳琅 박사님이었습니다. 하버드대학에서 학위를 받으신 그분은 제자들을 끔찍하게 사랑하시는 훌륭한 스승이셨습니다. 특히 평소 저를 아들처럼 돌보아 주셨는데, 점수에 대해서는 전혀 융통성 없이 엄정하여서 학생들에게 10점, 20점도 주셨습니다.

조직신학 시험을 앞두고 많은 분량의 시험 범위를 소화할 시간이 없어서 "하나님, 도와주셔야지요" 기도하고 시험에 나올 것 같은 문제 서너 개를 뽑아서 그것만 달달 외웠습니다. 당시는 교수님이 세 문제 정도를 출제해서 그 가운데 두 문제의 답안을 쓰라는 경우가 많았는데 이 중에서 나오면 감사하고, 안 나와도 할 수 없다는 심정이었습니다. 제가 준비한 문제 가운데 두 문제 모두 나오면 가장 좋고, 하나만 나오더라도 반타작은 되니까 괜찮겠다 싶었습니다. 그런데 제가 고른 문제 가운데 두 문제가 나왔습니다. 이것

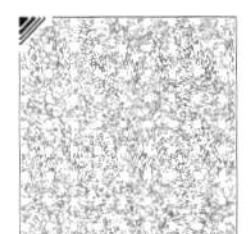

이 화재가 되어서 그 후에는 학생들이 시험 때가 되면 제 방으로 찾아와서 문제 좀 찍어 달라고 부탁했습니다.

그러면 저는 대답하곤 합니다.

"그건 그때 영靈빨이었어. 이제는 지나가서 나도 몰라."

1978년 2월 24일, 한국신학대학교를 졸업했습니다.

1978년 2월 26일자 한국일보에는 "불구不具를 이긴, 형설螢雪의 공功"이라는 제목으로 저의 졸업에 관한 기사가 실렸습니다. 이 기사의 초입에 있는 내용입니다.

"안요한 씨(39세·서울 도봉구 창동 661)는 24일 한국신학대학교를 졸업했다. 16년 전인 1962년에도 한국외국어대학교를 졸업했으니 두 번째 대학 졸업이다. 그러나 사정은 매우 다르다. 그때는 외교관의 꿈에 부풀었고, 지금은 눈앞이 보이지 않는 맹인이다. 이른바 중도실명인. 갑자기 깜깜해진 세상에서 몸부림을 치던 안 씨가 '마음의 광명'을 되찾아 일어선 과정은 눈물겹고 감동적이다."

기사 전문에는 저의 실명 과정과 믿음으로 소명을 발견하고 신학교에 입학한 일 그리고 다른 신학생들이 한 시간 걸릴 공부를 다섯 시간 넘게 들여 가며 쫓아간 일 등을 자세하게 소개했습니다.

감사하게도 이 기사를 통해 제게 관심을 가지고 기도해 주시는 많은 분들을 얻을 수 있었습니다.

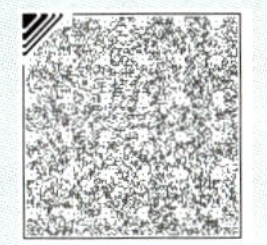

2

미아리에서

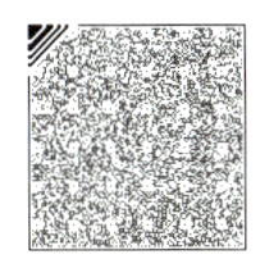

진흥야간학교,
내일의 우리에겐 희망이 있으리니

신학교를 졸업한 후 첫 사역은 배움의 길을 놓친 많은 아이들에게 배움의 기회를 주겠다는 약속을 지키기 위해 야간학교를 만드는 것이었습니다. 이를 위해 저와 아이들이 힘을 모았습니다. 아는 분들을 만나 도움을 요청했고, 아이들은 열심히 구두를 닦고 넝마를 주워 돈을 모았습니다. 이렇게 모은 돈으로 보증금 30만 원에 월세 2만 원으로 미아5동에 4~5평의 공간을 얻었습니다.

대문에 '진흥야간중학교'라는 간판을 써 붙였습니다. 중학교 교복을 입은 또래 학생들을 부러워하는 우리 아이들에게 학교에 대한 자부심을 심어 주고 싶었기 때문입니다.

진흥야간학교는 초미니 학교였습니다. 오스트리아를 방문했을 때 잘츠부르크 시에서 20킬로미터쯤 떨어진 지역에 있는 '고요한 밤교회'를 방문한 적이 있습니다. 오래 전, 그 지역 성도들이 크리스마스 예배를 드리러 강 건너에 있는 교회로 가려고 했는데 그 전날 많은 비가 내려 강물이 범람하여 교회에 갈 수 없었다고 합니다. 성도들은 안타까워하며 발을 동동 구르다가 그 자리에 제단을 쌓고 예배를 드린 후 만든 교회가 고요한밤교회입니다.

고요한밤교회는 장의자 세 개만 놓고 둥그렇게 모여 두세 가정만 예배를 드릴 수 있는, 세상에서 제일 작은 교회라고 합니다. 아마 당시 진흥야간학교도 세계에서 가장 작은 학교였을 것입니다. 처음에는 칠판도 의자도 없이 그냥 맨바닥에 앉아 공부했습니다.

그럼에도 우리 아이들은 너무나 행복해 했습니다. 낮엔 열심히 구두를 닦고 넝마를 주웠고, 밤엔 피곤한 몸을 이끌고 공부했습니다. 인근 중학교에 무작정 찾아가 주임 선생님을 뵙고 우리의 사정을 말씀드리고 쓰지 않는 교과서를 얻어서 아이들에게 전해 주었습니다. 우리 아이들 손에 중학교 교과서가 쥐어지는 순간, 모두 감격하여 눈물을 흘렸습니다.

시간이 지나면서 차가운 맨바닥에 앉아 공부하는 아이들이 걱정스러웠습니다. 하루는 아이들이 제 마음을 알고는 말했습니다.

"선생님, 걱정하지 마세요. 우리가 한번 알아볼게요."

"너희들이 어떻게 해?"

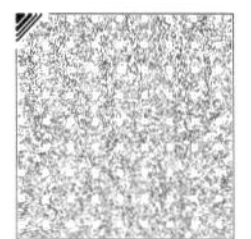

"걱정하지 마세요. 선생님."

그러더니 어느 날 저녁에 책상을 갖다 놓은 것입니다.

"선생님, 이건 책상이고요, 이건 지우개고, 이건 백묵이에요."

나를 끌고 다니며 만져 보라는 것이었습니다.

"이거 어디서 났어?"

"그런 거 묻지 않는 게 마음 편하실 거예요."

"너희들 훔쳐 왔지?"

부근에 학생 수가 삼천 명이 넘는 남자 고등학교가 있었습니다. 알고 보니 그 학교에 가서 몰래 집어 왔다는 것입니다. 하지만 저는 아이들을 나무랄 수 없었습니다. 그들의 마음을 알기에 오히려 눈물이 났습니다.

얼마 뒤 기독교 학교인 그 학교의 초청을 받아 강연을 하게 되었습니다. 그때 우리 아이들이 행한 사실을 솔직하게 고백하고 용서를 구했습니다. 학생들은 오히려 큰 박수로 저를 위로해 주었습니다. 선생님들 중에는 그때 좀더 가져가시지 그랬느냐는 말까지 건네는 분들도 계셨습니다. 하나님께서도 이 일은 귀엽게 보아 주셨으리라 생각합니다.

우리 아이들은 명실 공히 학생답게 교과서를 가지고 책상에 앉아 공부를 하게 되었습니다. 초창기에는 제가 혼자서 검정고시 아홉 과목을 모두 가르쳤습니다. 사전에 아이들의 도움으로 교과서를 녹음하고 녹음된 부분을 들으며 일일이 점자로 만들어 내용을 파악해서 가르쳤습니다. 모든 것을 혼자 해결하기엔 역부족이어서 조금씩 지쳐갈 무렵, 한 대학생이 우연히 우리 학교 앞을 지나가다 '진흥야간중학교'란 간판을 보고 사무실에 들렀습니다. 그것이 인연이 되어 저를 도와 한 과목을 맡아 수업을 나누게 되었고, 그 대학생이 친구를 소개하고 그 친구가 또 다른 친구를 소개하여 많은 대학생들이 자원봉사로 한 과목씩 담당하게 되었습니다. 얼마나 감사했는지요!

아이들이 많이 모여들었고, 급기야 좁은 공간에서 모든 아이들을 가르치는 것이 무리가 될 만큼 장소 문제가 대두되었습니다. 이를 위해 저는 기도하기 시작했습니다. 그 즈음 한 여성 국제단체 한국지부의 임원이 우리 학교 앞을 지나가다가 들어와서 우리의 열악한 사정을 알고는 삼양동 삼거리에 있는 한국타이어 건물 2층의 40평 가까운 넓은 장소를 전세로 마련해 주었습니다. 저는 말

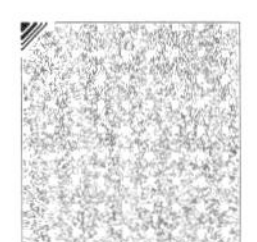

할 것도 없고 아이들도 새로운 배움터를 깡충깡충 뛰어다니며 좋아했습니다. 이렇게 진흥야간학교는 점점 학교다운 모습을 갖춰 갔습니다.

저는 우리 아이들이 검정고시에 합격하는 것도 중요하지만, 학교에 대한 무한한 자부심을 갖기를 원했습니다. 그래서 학교다운 분위기를 내기 위해, 합판을 구하여 교무실과 사무실, 교실 셋으로 공간을 구분했습니다. 그 전에 있던 곳에 비하면 굉장히 넓었지만 이렇게 여럿으로 나누기엔 좁은 곳이어서 공간을 최대한 활용했습니다. 어찌나 오밀조밀 나누었던지, 저를 찾아온 한 신문기자

한국맹인진흥회 및
진흥야간학교

가 인터뷰를 마치고 나갈 때 출입문을 찾지 못해 다시 들어와 "목사님, 학교가 꼭 미로 같아요" 하고 감탄하는 웃지 못할 일도 있었습니다.

공간만 학교답게 꾸민 것이 아니라 일반 학교와 동일하게 학년도 만들고 제도적인 장치를 마련했습니다. 교장을 비롯하여 대학생 교사들로 교감, 교무부장, 연구부장, 학생부장 등 직제를 갖췄고, 학과 담임을 두었습니다. 수업을 시작하기 전에 조회를 했고, 공부를 마칠 때 종례를 했습니다. 교무실 분위기는 스승으로서의 권위가 느껴지도록 했습니다.

한번은 교육청에서 사람이 나와 "인가도 받지 않고 어떻게 중학교 간판을 걸었으냐?"고 하기에 사정을 설명하니까 감동을 받아 더 이상 문제 삼지 않고, 오히려 새 교과서를 공급해 주는 등 지원을 아끼지 않았습니다.

봄, 가을에는 소풍도 가고 체육대회도 열었습니다. 소풍가기 전날 저녁엔 교사들이 밤을 새우며 김밥을 말고 삼륜차를 빌려서 야외로 떠났습니다. 아이들은 소풍 전날 마음이 들떠서 잠도 자지 못했습니다.

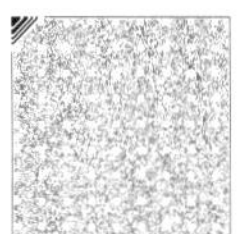

제가 당시 한국맹인진흥회를 만들고, 이어 진흥야간학교를 만든 일에 대해 1978년 5월 23일자 조선일보가 "맹인도 사회에 이바지할 수 있다"라는 제목으로 기사를 실어 주었는데, 이 기사는 "신체적 불행을 굳은 의지로 극복해 낸 안 씨는 경제적으로 어려움을 겪고는 있지만, 맹인들도 사회에 이바지할 수 있다는 신념을 입증시키기 위해 노력하고 있다"는 글로 끝맺고 있습니다.

하지만 문제는 아이들에게 있었습니다. 이들은 공부를 전혀 해 본 경험이 없었습니다. 밖으로 뛰어나가서 자기 머리를 주먹으로 쥐어박는 학생도 있었습니다. 자기 머리는 도대체 돌아가지를 않는다며 머리를 두들기면서 뭐가 뭔지 하나도 모르겠다고 안타까워하는 것이었습니다. 연필도 제대로 못 쥐는 학생도 있었습니다. 그들을 달래고 위로해야 했습니다.

"그러지 마! 어려운 것을 참고 해 나가다 보면 깨닫게 되는 거야!"

저는 아이들을 격려하며 열심히 가르치고 배웠습니다.

학교 운영비가 부족할 때는 주위의 도움을 받아 다방을 빌려 일일찻집도 열었습니다. 수익금을 얻을 만한 찻집을 빌릴 수 없을 때는 도봉산에 '배움의 길 찾기 일일찻집'이라고 써 붙이고 "커피 한 잔, 우유 한 잔, 홍차 한 잔 드세요. 우리가 배움의 기회를 갖는 데 도움이 됩니다!"라고 외치며 아이들과 선생님들이 등산객 한 분 한 분을 찾아다니면서 차를 팔아 자금을 마련하기도 했습니다.

그런 우리의 모습이 입소문을 탔습니다. 당시 동아일보와 롯데그룹이 공동으로 "동아햇님 청소년 선도상"이라는 상을 만들었습니다. 진흥야간학교를 익히 알고 있던 우리 동네 동아일보 지국에서 저도 모르는 사이에 저를 추천하여 "동아햇님 청소년 선도 부문 대상" 수상자로 선정되었습니다. 수많은 학생들이 운집한 효창운동장에서 이 상을 받았는데 상금이 백만 원이었습니다. 지금도 백만 원은 적은 돈이 아니지만, 당시 경제 여건에서 이 돈은 매우 큰 돈이었습니다. 이 상금을 귀하게 쓰기 위해 선생님들과 학생들이 모여 의논했습니다. 많은 의견이 나온 가운데 시각장애인인 교장 선생님을 위해 〈눈먼 동생〉이라는 연극을 공연하기로 했습니다.

그리고 몇 달 동안 선생님들과 학생들이 함께 대본을 쓰고 연습하여 남산 드라마센터를 빌려 공연을 했습니다. 서울에 있는 중·고등학교는 물론 직업학교의 학생들까지 초청하여 5일 동안 수천 명이 관람했습니다. 물론 이 공연은 무료였습니다.

이를 계기로 크리스천 신문사에서 주최한 '전국 한국 교회 성극 경연 대회'에서 새빛맹인교회가 많은 대형 교회들을 물리치고 대상을 받았습니다. 그때부터 연극이 새빛의 전통이 되어 크리스마스이브 때나 수련회 등의 행사에는 빠짐없이 연극을 공연합니다.

시각장애인들이 하는 연극은 움직이는 동선에 제약이 있기 때문에 기발합니다. 예를 들면, 벼락을 맞은 것을 표현하려면 연기자의 흐트러진 머리 위에 '벼락 맞은 소나무'라고 쓴 종이를 써 붙이고, 바람 부는 것을 표현하려면 몸을 흔들어 표현합니다. 아마 하나님께서 진흥야간학교 시절부터 우리 아이들에게 달란트를 주신 것 같습니다.

초창기에는 구두닦이, 넝마주이 아이들을 중심으로 운영되던 야간학교를 서울역과 떨어진 삼양동 삼거리로 옮기면서 배움의 길을 놓친 모든 청소년들로 지경을 넓혔습니다. 그리고 주변의 초등학교를 방문하여 경제적인 사정으로 중학교 진학을 못한 학생들의 주소를 받아와 선생님들이 직접 학부모들을 찾아 설득하고 학생들을 만나 면담을 하여 매년 100명에서 150명 정도의 신입생들이 모였습니다.

이때부터 정식으로 학부모들을 모시고 입학식과 졸업식을 했습니다. 졸업식은 1950년대 후반의 졸업식 광경을 생각하면 될 듯합니다. 재학생들이 "빛나는 졸업장을 타신 언니께~" 졸업식 노래를 불렀고, 졸업생이 송사를 할 때는 온 교실이 눈물바다가 되었습니다. 졸업식에는 동장님, 종암경찰서 서장님, 장석교회 조영택 목사님 등 지역 인사들이 오셔서 귀한 말씀을 전해 주셨습니다.

이렇듯 많은 지역사회의 도움을 받아 진흥야간학교는 성장을 거듭하여 매회 100여 명의 학생들이 검정고시에 응시하여 50여 명 정도는 전 과목에 합격했고 50여 명 정도는 부분 과목에 합격했습니다. 우리 학교의 검정고시 합격률은 전국 최고 수준이었습니다.

새빛맹인교회에서는 30년 전부터 예배가 끝난 다음 국수를 끓여 먹었는데 이 국수는 '새빛국수'라는 이름으로 교회의 전통 가운데 하나가 되었습니다. 당시 진흥야간학교에서는 검정고시 합격자를 발표하는 날 삼겹살 파티를 열었습니다. 새빛국수처럼 삼겹살 파티는 진흥야간학교의 전통이 되었습니다. 모든 학생들이 삼겹살 파티를 눈에 그리면서 열심히 밤을 새며 공부했고, 기도하며 검정고시를 준비했습니다.

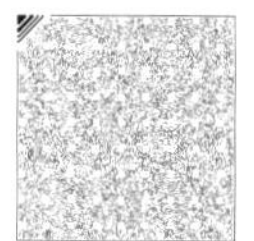

정상적인 사람도 남을 가르치기 어려운데 어떻게 앞 못 보는 사람이 청소년들에게 학습 기회를 제공할 수 있었느냐며 칭찬도 받았고, 맹인 상록수 소리도 들었고, 상도 여럿 받는 등 과분한 대우를 받았습니다. 하지만 저는 부끄럽기만 했고 또 마음에 걸리는 것이 있었습니다. 야간학교를 설립한 목적은 배움의 길을 열어 주려는 것이었지만 더 중요한 것은 이들에게 복음을 심어 주는 일이었습니다. 검정고시 패스는 복음을 심어 주기 위한 방법이었지 목적은 아니었습니다.

혼자서 전 과목을 가르치다가 여러 대학생들의 도움을 받으면서 저는 성경과 찬송만을 지도하게 되었는데, 우리 아이들은 다른 과목 시간에는 열심히 참여해서 공부를 했지만, 저의 성경 찬송 수업 시간에는 모두 도망가 버렸습니다. 복음을 접하게 하려는 중대한 목적 앞에서 저는 가슴이 아팠습니다.

국어 수업 중이던 어느 날이었습니다. 학교에서 숙식을 하고 있던 저는 학생들 수업이 끝난 후, 안에 들어가 뒷마무리도 하고 취침도 해야 하기에 밖에서 수업이 끝날 때까지 기다렸습니다. 건강한 눈을 가진 분들이야 이럴 때 혼자 산책하면서 시간을 보낼 수 있지만 저는 도와주는 사람이 없으면 움직일 수 없는 처지였습니다. 그날 날씨가 좋았는데 갑자기 하늘이 우르릉 쾅쾅 하더니 난데없이 소나기가 쏟아졌습니다. 피할 방법이 없으니까 그냥 서서 내리는 비를 다 맞고 있었는데 마음이 한없이 쓸쓸해졌습니다.

'내가 이러면 안 되지'라고 마음을 다잡으면서 울적할 때마다 부르는 찬송을 불렀습니다.

하늘 가는 밝은 길이 내 앞에 있으니
슬픈 일을 많이 보고 늘 고생하여도
하늘 영광 밝음이 어둔 그늘 헤치니
예수 공로 의지하여 항상 빛을 보도다

공장에 다니면서 공부하는 여학생이 있었는데 마침 그날 지각을 했습니다. 빗속을 뚫고 뛰어오다가 교장인 제가 비를 맞으면서 찬송을 부르는 것을 보고 가슴이 뭉클했던 모양입니다. 갑자기 제 발밑에 엎드리더니 "선생님!" 하면서 울음을 터뜨렸습니다.

교실에 있던 학생들이 이상한 낌새를 느끼고 밖에 나와 보고는

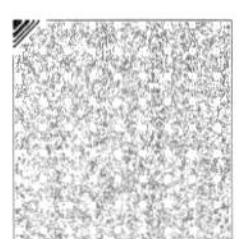

모두 난리가 났습니다.

"얘들아, 우리 선생님 비 맞고 계셨어! 빨리 불 피워!"

젖은 옷을 말리고 빗물을 닦아 주면서 반장이 미안했는지 "선생님, 죄송합니다. 저희도 이제 성경, 찬송 배우겠습니다"라고 하는 것이었습니다.

그 후 성경과 찬송을 배워가는 아이들에게서 놀라운 기적을 체험했습니다. 우리 학생들은 늘 길거리에서 생활하는 처지여서 입에 붙은 언어가 그저 욕이었습니다. 욕으로 입을 열고 욕으로 입을 닫습니다. 제발 욕 좀 하지 말라고 타이르면 학생들은, 욕설을 멀리 하려고 입술을 물어뜯고 깨무는데도 자신도 모르게 튀어나온다며 안타까워했습니다. 도무지 아이들의 욕설을 고칠 방법이 없었습니다. 그런데 말씀을 들려주고 찬송을 많이 불렀더니, 시간이 흐르면서 차츰 아이들 욕이 잦아들기 시작했습니다. 말씀과 찬양이 입안의 더러운 것들을 말끔히 청소해 버린 것입니다.

저는 이 기적을 체험하면서 "할렐루야!"를 외쳤습니다. 아이들은 주님을 영접했고, 저는 목사 안수를 받은 뒤에는 세례를 베풀었습니다. 이제 진정으로 아이들은 하나님께 영광을 돌리는 하나님의 백성이 될 수 있었습니다.

어느 날 반장이 제게 말했습니다.

"선생님, 우리 학교는 다 좋은데 교훈이 없잖아요."

"그래? 그럼 내가 교훈을 정해줄 테니 받아써라. 잠언 1장 7절이야."

"잠언 1장 7절이 뭔데요?"

"하나님을 경외하는 것이 지식의 근본이란 말씀이란다."

그래서 그 말씀이 진흥야간학교의 교훈이 되었습니다.

교가도 만들었습니다.

1절) 한강물 흘러 흘러 심어진 이 땅 위에

　　　북악산 정기 받아 피어난 꽃봉오리

　　　배움의 힘찬 해머 메아리칠 때면

　　　상아탑에 오른 횃불 진흥이라네

2절) 진리를 창조하는 우리의 건아들아

　　　내일의 우리에겐 희망이 있으리니

반딧불 역사의를 깨우친 자이라

영원 무궁 길이 빛날 진흥 학교라

후렴) 주님의 사랑함은 우리의 기도

함께 모인 이 자리는 주님의 반석

새빛맹인교회가 설립된 후 학생들은 예배에 참석했습니다. 1983년 교회의 주보를 살펴보니 시각장애인들은 적을 때는 10여 명, 많을 때는 40여 명으로, 보통 30여 명이 예배에 참석했는데 학생들은 적을 때는 20여 명, 많을 때는 70여 명이 참석했습니다. 그 해의 통계를 보니까 중학교 과정에 63명, 고등학교 과정에 22명이 입학했고, 재학생은 35명이었으며 22명이 졸업했습니다.

1980년 8월 12일부터 15일까지 여의도광장에서는 '80 세계복음화 대성회'가 열렸는데 학생들은 여기에도 자진해서 참가했습니다. 그들은 1982년 서울역 앞에 있는 재건대(넝마주이 청소년)와 자매결연하고 그곳을 방문해서 정성을 모아 다과회를 갖기도 했습니다.

학생들은 《오르막》, 《한우리》 등의 제목으로 동인지도 냈습니다.

미아리를 떠나 방배동으로 이전하고 1986년 11월 2일 진흥야간학교를 '새빛야간학교'라고 이름을 바꾸었습니다. 당시 혜화동에 있는 동성중학교 학생들이 새빛야간학교를 방문하고 돌아가서 다음과 같은 편지와 후원금을 보내왔습니다.

새빛야간학교 선생님들께

이 나라 교육의 일익을 담당하시고 어려운 여건 속에서도 불우한 이웃에게 기쁨을 전하시는 귀교의 선생님들이야말로 하나님의 뜻을 몸소 실천하고 계시는 살아 있는 성자라고 생각됩니다.

우연한 기회에 귀교를 알게 되었습니다. 우리 학교야말로 입지 조건으로 보아 생활이 어렵고 불우한 학생들이 많아 공통으로 어려운 점을 많이 안고 있사오나 학생 한 사람 한 사람의 마음에 우리보다 더 어려운 이웃을 생각할 줄 아는 사람으로 키우기 위해 동전 한 닢의 정성을 모았습니다. 부유한 사람의 한 끼 식사거리도 안 되는 작은 돈이오나 소례를 대례로 보시고 저희들에게도 용기를 주시면 더 없는 기쁨으로 생각하겠습니다.

가르치시는 데 백묵이라도 한 개 사서 쓰셨으면 합니다.

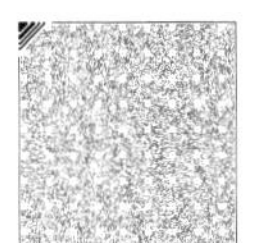

오른손이 하는 일을 왼손이 모르도록 하여야 하는데 심히 부끄럽습니다. 단지, 같은 처지의 어린 학생들에게 선한 마음을 심어 주는 계기로 이런 일을 전개했습니다.

목사님을 비롯하여 여러 선생님들과 새빛학생들에게 건승을 빌며 귀교의 무궁한 발전을 기원합니다.

〈1989년 10월 혜화동 동성중학교 3학년 1반 일동〉

진흥야간학교는 1978년 6월에 문을 열어 15년간 827명의 졸업생을 배출했습니다. 여기 정선미라는 학생이 학교를 소재로 지은 시를 소개합니다.

항상 새롭게 빛나는 새빛

한 조각 두 조각 작은 조각들이 모여

사랑이 차고도 넘치는 새빛

사랑의 보금자리 새빛

누구든지 와서 보고 듣고

새롭게 거듭날 수 있는 새빛

가난에 굴하지 않고

사랑에 유혹 당하지 않으며

삶에 최선을 다하는 새빛

낮은 곳에서 만족하고

슬픔을 나누어 반으로 줄이고

기쁨을 나누어 배로 더하는 새빛

하나님이 함께 계시는

항상 새롭게 빛나는 새빛은 영원하리라

이렇게 복음이 발아하기 시작하여 많은 학생들이 주님을 섬기는 열매로 나타났습니다. 제가 집회 때문에 지방에 내려가거나 외국에 가게 될 경우 종종 졸업생들을 만나게 됩니다. 이들 중 목사님도 나오고 장로님, 집사님도 된 모습을 보면서, 세상의 기준으로 큰 성공을 이룬 사람보다 훨씬 자랑스럽게 여겨집니다.

한번은 제가 뉴욕 집회에 갔을 때 큰 연회장의 주방장이 된 한 졸

업생을 만났습니다. 그 졸업생은 제 손을 잡고는 말했습니다.

"목사님, 그때 배운 짧은 영어 실력이 여기 와서 큰 도움이 됐어요."

저는 먼저 물었습니다.

"교회 다녀? 안 다녀?"

"저, 교회 집사예요!"

"그래? 그거 참 잘됐다. 정말 기쁘구나."

저는 그 제자의 신앙을 확인한 후 오랜만의 만남을 기뻐했습니다. 지금 생각해 보면 참 많은 감회를 느끼지 않을 수 없습니다. 이들이 하나님의 자녀가 되고 구원받게 된 것 이상의 큰 기쁨이 어디 있겠습니까.

하루는 어느 학생의 부모가 우리 학교를 찾아왔습니다. 돈을 벌어야 하는데 돈은 벌지 않고 공부를 한다며 "야! 너 같은 년이 배워서 뭘 해? 빨리 기어 나와!" 하며 비오는 교실 밖으로 끌고 가서 책과 노트를 길바닥에 확 던져 버리고는 아이를 데리고 사라졌습니다.

다른 학생들이 눈물을 닦으며 비에 젖은 책과 노트를 챙겨서 닦고 말려 며칠 후 다시 찾아온 그 여학생의 손에 쥐어 주던 모습이 떠오릅니다.

학교 급사로 일하던 한 여학생이 검정고시에 합격하고 회사에 취업하여 멋쟁이 여성이 되었습니다. 그리고 좋은 신랑을 만나 가정을 이루고 저를 찾아왔던 일도 떠오릅니다.

감사하게도 우리나라 교육제도가 개선되어 중학교까지 의무교육을 받을 수 있게 되었습니다. 그러다 보니 배움의 길을 찾는 이들은 청소년이 아닌 성인 학생들로 바뀌었고, 방배동으로 옮기게 되면서 자연스럽게 폐교가 됐습니다.

진흥야간학교는 작은 흔적만을 남기고 사라져, 이제는 향수 속에 떠오르는 추억이 되었지만, 이 학교를 통해 827명의 우리 청소년들이 향학열을 불태우고 나아가서 하나님을 만나 귀한 일꾼이 된 것은 영원히 기억될 것입니다.

《점자 새빛》, "피가 나올 것이다."

《점자 새빛》은 한국 시각장애인들을 위한 세계 유일의 점자 잡지로서, 점자 출판의 효시가 되었습니다.

신앙 교양지 성격의 《점자 새빛》은 원래 재단법인 대한기독교서회가 1960년부터 외국 선교기관의 후원을 받아 발행하여 무료로 보급하고 있었는데, 외국 선교기관이 더 이상 후원을 하지 못하게 되자 발행이 중단되었습니다.

《점자 새빛》은 제가 실명한 후 처음으로 접한 점자책이었습니다. 시각장애인들과 세상을 연결해 주는 하나밖에 없는 소중한 매체가 없어지게 된 현실이 안타까워 제가 《점자 새빛》을 다시 발간하기로 하고, 1978년 7월에 대한기독교서회로부터 이 잡지를 인수했습니다. 당시 제가 받은 것은 판권과 독자 카드뿐이었습니다.

《점자 새빛》을 인수했지만, 저로서는 감당할 수 없는 잡지 운영에 따르는 재정 문제가 있었습니다. 이를 위해 기도하던 어느 날,

젊은 기자 한 분이 저를 찾아왔습니다. 그분은 저의 딱한 사정을 듣고 '영수증 모금'이라는 새로운 제도가 운영 중임을 알려 주면서 힘들겠지만 영수증 모금 보상금을 통해 잡지를 발행해 보는 게 어떻겠느냐고 제안했습니다. 영수증 모금은 영수증을 모아 세무서에 제출하면 일정액을 보상해 주는 제도입니다.

저는 시각장애인이 되기 전에 못 하나 박을 줄 몰랐고 톱질도 제대로 할 줄 몰랐습니다. 그런 제가 영수증 수집함을 만들기 위해 합판을 구하고 못을 사고 톱으로 잘라서 모금함을 여러 개 만들었습니다. 보이던 시절에도 하지 않던 일을 실명한 후 혼자서 해보려니, 쉽게 완성되지 않는 것이 당연했습니다. 합판을 자르다가 손을 다치고 못을 박다가 찔리기도 하여 온 손이 피투성이가 되고 멍드는 일이 다반사였습니다.

저의 이 처량한 모습을 지켜보던 야간학교 선생님들이 돕겠다고 나서 톱과 망치를 들고 영수증 수집함 백여 개를 만들었습니다. 수집함에는 '맹인 돕기 영수증함'이라고 써서 그것을 들고 백화점의 화장품 코너, 약국, 식당 등에 찾아가서 설치를 허락해 주십사 부탁했습니다. 좋은 일을 한다고 기꺼이 도와주는 분도 계셨지만 귀

찮다고 거절하는 분들도 있었습니다. 이렇게 서울 각처에 모금함을 설치하고 보름이나 한 달이 지나면 빈 자루를 들고 수집함이 설치된 곳들을 돌아다니며 영수증을 회수했습니다.

당시에는 차가 없어서 안내자 한 명과 어깨에 몇 개의 큰 주머니를 메고 영수증함이 설치된 서울 곳곳을 걸어 다니며 영수증을 모았습니다. 한 바퀴를 돌고 나면 온 몸이 땀으로 흠뻑 젖었고, 자루의 무게를 못 이겨 밀려드는 어깨 통증과 물집이 잔뜩 잡힌 발을 이끌고 돌아올 때는 회의가 들기도 했습니다.

'내가 왜 이런 일을 해야 되나? 대단한 수익 사업도 아닌데 꼭 이렇게 고생하며 영수증을 수집해야 하나?'

이런 생각들로 주저앉고 싶은 때가 한두 번이 아니었습니다. 힘들게 모아온 영수증들은 직원이 한 장 한 장 일정한 규격으로 손질하여 이면지에 사용 금액만 나오게 겹겹이 붙였습니다. 그 총액을 계산해서 세무서에 가지고 가면 모은 금액의 천분의 일을 보상금으로 주었습니다. 이렇게 받은 보상금으로 《점자 새빛》을 발행했습니다.

한번은 우리를 돕겠다면서 영수증함 설치를 허락했던 명동 어느 대형 식당의 매니저가 울먹이는 목소리로 전화를 했습니다. 어느 날 모 단체 회원들이 찾아와 "우리 단체가 영수증을 모아 좋은 일을 하고 있는데 조그만 맹인단체가 무엇을 하겠느냐?"며 우리가 설치한 통을 밖에 집어 던졌다는 겁니다. 이 소식을 들은 저는 제정신이 아니었습니다. 다른 사람의 도움 없이는 한 걸음도 옮기지 못하는 제가 혼자 명동의 식당을 찾아갔습니다. 제가 어떻게 그곳까지 갔는지 지금도 기억나지 않습니다. 저의 기억은 명동 길바닥에 내팽개쳐진 영수증 수집함과 흩어진 영수증들을 모으며 오랫동안 참아온 울음을 터뜨린 그 순간에 멈춰 있습니다.

수집한 영수증을 모아서
《점자 새빛》 발행

"내가 왜 이래야 하나? 내가 돈벌이하는 것도 아니고, 혼자 살겠다고 하는 것도 아닌데, 왜 무거운 자루를 들고 물집 잡힌 발로 온종일 돌아다니며 이런 설움을 겪어야 하나? 안 하면 그만인데……."

뒤늦게 저를 쫓아온 직원과 함께 수집함을 안고 사무실로 돌아오는 차 안에서 참으로 많은 생각에 잠겼습니다.

그날의 일은 저에게 상당한 충격으로 다가왔습니다. 그 후 심적인 고통과 재정적인 어려움의 부담을 이겨내지 못하고 쓰러져 병원에 입원하게 되었습니다. 지금은 아내가 모든 것을 도와주고 있지만 그 당시는 야간학교 학생들이 안내를 도와주었을 뿐이고, 건강을 비롯한 여러 가지는 누구도 보살펴 줄 형편이 못 되었습니다. 혼자서 많은 일을 하다가 피로가 누적되어 더 이상 몸이 감당할 수 없게 되었습니다.

하지만 하나님의 인도하심은 사람의 지혜로 측량할 수 없습니다. 제가 쓰러진 사연을 기자 한 분이 신문에 보도해 주었고, 그것이 계기가 되어 저의 사역이 세상에 널리 알려지게 되었습니다. 제가 쓰러진 일은 1979년 10월 4일자 소년동아일보에 "병마에 시달리는 맹인들의 꿈나무"라는 제목으로, 10월 10일자 동아일보에

"불우 돕다 쓰러진 학사 맹인"이라는 제목으로 각각 소개되었습니다. 이 기사가 당시 실의에 빠져 목숨을 끊으려던 사람을 살리는 일을 하게 될 줄 누가 알았겠습니까?

병원에 입원해 있을 때 한 젊은 분이 저를 찾아왔습니다. 그분은 B시의 대학 교수이자 서울에서 학원을 운영하던 분이었습니다. 그분은 교통사고로 척추를 크게 다쳐서 오랜 기간 병원 생활을 했는데 처음에는 부인과 두 딸이 늘 찾아와 도와주다가, 세월이 지나면서 나타나지 않았다고 합니다. 이상한 예감이 들어 완쾌되지 않은 몸으로 서둘러 6개월 만에 퇴원하고 집에 돌아왔더니 집은 텅 비어 있고, 부인이 젊은 남자와 바람이 나서 학원을 정리하고 가출해 버렸다는 사연을 알게 되었습니다. 너무나 기가 막혀 이런 세상에서 살 희망이 없어졌으니 수면제를 먹고 죽으리라고 결심하고 남은 재산을 정리해 약 80만 원을 불우한 지역에 나누어 주고, 약국에 가서 잠이 안 오니 약을 달라고 했다고 합니다. 약사는 이상한 느낌이 들어서인지 수면제를 한 알만 주었는데 그분은 여러 약국을 다니면서 수면제를 모았습니다. 그렇게 사 모은 약들을 신문지에 싸서 집으로 돌아와 이제 먹고 죽으려고 약이 든 신문지

를 풀었는데 그 신문지 조각에 "불우 돕다 쓰러진 학사 맹인"이라는 기사 제목이 보였다고 합니다. 이분은 '쓰러졌다'는 말에 시선이 가서 '이 글을 읽고 죽자' 하고 기사를 읽기 시작했습니다. 그 기사에서 저의 과거를 소개하는 내용 중에 제가 실명을 하자 아내가 집을 나간 일에 대해 '더 큰 충격은 두 딸을 가진 부인의 가출이었다'는 대목을 읽었습니다. 이분은 "아, 나와 같구나. 나도 죽으려고 하는데……. 아직 기사가 많이 남았네, 마저 읽자" 하고서 계속해서 읽어 내려갔습니다. '하나님을 만나 주님의 종이 되어 맹인의 길을 개척하려다 힘들고 지쳐서 쓰러졌다'라는 내용을 보고 "쓰러진 차원이 다르잖아! 하나님을 만나면 이렇게 변화되는구나. 나도 하나님 좀 소개해 달라고 해야지" 하고는 이튿날 새벽에 저를 찾아왔습니다.

그분은 병실에 들어서자 말했습니다.

"난 내 생명의 은인을 찾아왔소."

"누구를 찾으시는데요?"

"안요한이라는 목사요."

"제가 안요한입니다."

저는 힘없이 몽롱한 상태에서 대답했습니다. 그러자 그분은 눈물을 흘리며 저를 찾아오게 된 경위를 털어놓았습니다. 그분의 고백을 들으며 저 또한 감동의 눈물을 흘렸습니다. 제가 시각장애인이 되지 않았다면 낮은 곳을 섬기는 일도 하지 않았을 것이고, 쓰러지지도 않았을 것입니다. 신문에 그런 기사가 실리지 않았다면, 이분은 약을 먹었을 것입니다. 제가 시각장애인이 되었고 쓰러졌기 때문에 하나님이 주신 귀한 한 생명을 살리게 된 것입니다.

가끔 저는 이런 이야기를 합니다. 《점자 새빛》을 짜면 피가 나올 거라고……. 《점자 새빛》은 피와 땀과 눈물로 만든 책입니다.

월간 《점자 새빛》

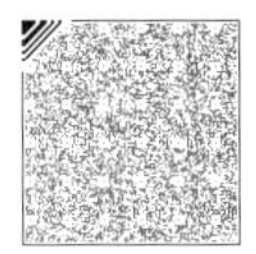

지금은 점자책이 많이 발행되고 있지만, 당시 시각장애인들이 접할 수 있는 점자책은 《점자 새빛》이 유일했습니다.

이 한 권의 점자책이 없으면 세상의 소식을 접할 수 없던 시대에 시각장애인들은 《점자 새빛》이 나오는 한 달을 백 년처럼 기다리고 있었습니다. 그것을 알기에 책임감을 느끼고 열정을 다해 영수증을 모아 《점자 새빛》을 발행했습니다.

30여 년이 지난 지금도 《점자 새빛》은 3개월에 한 번씩 발행하고 있습니다. 시각장애인들의 소식, 정안인正眼人이 보는 맹인관, 건강 코너, 육아 상식 등 사회 적응에 필요한 자료와 성경 해설, 찬송가 해설 등 신앙생활에 도움이 되는 내용으로 시각장애인들의 벗이 되고 있습니다.

《점자 새빛》은 새빛의 보배이기도 합니다. 《점자 새빛》을 발행하게 된 것을 계기로 우리가 하는 사역에는 '새빛'이라는 이름이 붙게 되었습니다. 새빛맹인교회, 새빛맹인선교회, 새빛맹인재활원, 새빛핸드벨콰이어, 새빛풍물선교단, 새빛요한의 집…….

이 이름을 쓰면서 '우리는 새빛이다'라는 인식을 가지고 새빛을 바라보며 살게 되었습니다.

새빛! 참 고마운 이름입니다.

1978년은 제게 매우 바쁜 해였습니다. 한국맹인진흥회 설립, 한국신학대학교 졸업, 중앙대 사회개발대학원 입학, 진흥야간학교 개교, 《점자 새빛》 발행 등의 다사다난했던 해를 보내면서 1979년 12월 6일에 목사 안수를 받았습니다.

1979년 목사 안수식

새 빛맹인교회, "이곳이 천국입니다."

신학대학교를 졸업하고 야간학교 아이들에게 복음을 전하게 된 것을 감사하면서, 한편으로는 제가 시각장애인으로서 겪은 어려움과 아픔을 잘 알고 있기 때문에, 복음을 통해 시각장애인들을 위로하고 영혼을 살리는 일에 대한 소망이 생겼습니다. 이를 위해 계속 기도하고 있었지만, 시작은 쉽지 않았습니다. 일반적으로 시각장애인 교회들은 맹학교 출신 등 맹인 사회의 인연으로 연결되어 있는데, 저는 시각장애인들을 위한 교육을 받지 않아서 그런 인연도 없을뿐더러 시각장애인 사회에 전혀 알려지지도 않아서 선교 대상자들과 접촉할 기회가 없었습니다.

그러던 어느 날, 저를 안내해 주는 학생과 남대문 부근에 있는 새로나백화점 앞의 육교 위를 걸어가고 있는데 시각장애인 한 분이 바구니를 앞에 놓고 찬송가 테이프를 틀면서 행인들의 동정을 구하고 있었습니다.

순간 이것이 하나님의 응답임을 깨닫고 그분에게 다가가 말을 건넸습니다.

"형제님, 저도 맹인인데 예수 믿으세요."

"나는 그런 거 몰라! 영업 방해되니까 빨리 옆으로 꺼져!"

"예, 선생님, 곧 가겠습니다. 그런데 이것은 찬송가 테이프 아닙니까?"

"그건 몰라! 내가 장사하느라 튼 것이지, 나와 관계없어!"

마음이 아프면서도 뭔가 희망이 보이는 것 같았습니다. 또한 이 형제를 구원해야겠다는 의욕이 솟구쳤습니다. 문득 그가 혼자 살지 않을 테고 공동체가 있을 것 같다는 생각에 하루는 안내자와 함께 그의 뒤를 몰래 따라가 보았습니다. 역시 예상했던 대로 여러 시각장애인 세대가 모여 같은 일을 하면서 생활하고 있었습니다.

제게는 이곳이 하나님이 알려 주신 복음의 황금어장이었습니다. 이 기회를 놓치면 안 되겠다 싶어 아침, 점심, 저녁으로 하루 세 번씩 찾아갔습니다.

"선생님, 계십니까?" 문을 두드리면 안에서 "그 양반 또 왔어!" 하는 목소리가 들리더니 문을 꽉 닫고 아무 대꾸도 안 하는 것이었

습니다. 문을 두드리라고 하신 말씀이 떠올라 계속 두드렸습니다. 그분들의 반응에 상관없이 날씨가 좋을 때도, 비가 올 때도 하루도 거르지 않고 두 달 넘게 찾아갔습니다.

어느 날, 한 분이 문을 확 열어젖히면서 말했습니다.

"도대체 당신은 지치지도 않아? 뭣 하러 자꾸 이렇게 귀찮게 굴어? 뭘 귀찮게 하려고 하는지 어디 들어와서 얘기해 봐!"

저는 얼마나 고마웠는지 모릅니다.

"예, 선생님들 감사합니다."

저는 들어가 앉아서 제 얘기를 곁들여 예수님의 말씀을 들려주었습니다. 그리고 미아5동에서 야간학교 학생들과 함께 예배를 드

새빛맹인교회 창립 예배

리고 있는데 같이 참여하지 않겠냐고, 하나님이 여러분을 지금 생활보다 더 크게 축복해 주실 것이라고 이야기했습니다. 하지만 그분들은 그저 듣고만 있었습니다. 그런데 주일이 되니 한 분 두 분, 그분들의 모습이 보이기 시작했습니다. 얼마나 감사하고 기뻤던지 "할렐루야!"를 외쳤습니다.

그 시각장애인 가정들과 야간학교 학생들이 모여 1980년 1월 13일 오후 3시에 도봉구 미아 5동 65-7, 대지극장 건너편 길 오른쪽, 한국타이어 건물 2층에서 새빛맹인교회 창립 예배를 드렸습니다. 예배 순서지에 다음 인사 말씀을 실었습니다.

우리 가운데 살아서 역사하시는 하나님의 섭리로 이 거룩한 터전에 오늘 한국기독교맹인선교회 새빛교회가 세워진 것을 감사드립니다.

그동안 눈물과 기도로 격려해 주신 여러 교우님들, 이제 이 예배당은 눈먼 자를 보게 하고 없는 자를 있게 하는 귀한 생명의 터전으로 부흥하기 위해 하나님 앞에 바르게 노력할 것입니다.

계속하여 교우님의 기도 제목 속에 새빛교회를 넣어 주시고 사랑을 베

풀어 주시옵소서.

〈1980년 1월 13일 한국기독교맹인선교회 새빛교회 드림〉

새빛맹인교회는 설립했을 때부터 봉헌상奉獻箱을 교회 출입구에 비치하고 자유롭게 헌금하도록 했습니다. 교회 표어는 "우리가 실명한 것은 하나님의 영광을 나타내려 함이라"로 정했습니다. 예수님께서 길을 가실 때 날 때부터 맹인이 된 사람을 보았는데 제자들이 "이 사람이 맹인으로 난 것이 누구의 죄로 인함입니까? 자기입니까? 그의 부모님입니까?"라고 묻자 예수님은 "이 사람이나 그 부모의 죄로 인한 것이 아니라 그에게서 하나님이 하시는 일을 나타내고자 하심이라(요 9:3)"고 대답하셨습니다. 새빛맹인교회의 표어는 이 말씀에서 온 것입니다. 이 말씀은 시각장애인들이 강한 거부감을 갖고 있기도 합니다. 교회의 표어를 정하자, "목사님, 뭐라고요? 우리가 하나님의 영광을 나타내기 위해 맹인이 됐어요? 아니, 그런 고약한 말이 어디 있어요? 영광은 건강한 사람들에게 받아 잡수시고 우리 맹인들은 도와줘야지. 우리에게까지 영광을 받아요? 그러면 우리는 여기 못 있겠어!" 하는 분도 있었습니다.

한번은 선교비를 받은 일이 있었는데 이 사실을 안 시각장애인 성도들이 물었습니다.

"목사님, 돈 받았죠?"

"네, 받았습니다."

"그거 어디에 쓰시렵니까?"

"우리 시각장애인 친구들의 영혼을 구하는 데 써야지요."

"그건 말도 안 되는 소리예요. 이왕 우리 시각장애인들을 위해 한 거니까 그 돈은 우리들을 위해 쓰세요."

이렇게 시작된 토론은 두 갈래로 나뉘었습니다.

한편에서는 "보리차 공장을 세워서 우리 노동력으로 보리차를 만들어 봉지에 넣어서 팔면 되잖아요? 그래서 우리도 자립을 좀 합시다. 언제까지 우리가 구걸하며 살 수는 없잖아요?"라고 주장했습니다.

"옳소"라는 소리가 터져 나왔습니다.

다른 한편에서는 "그건 꿈같은 얘기고 현실이 문제니까 그런 거 하지 말고 쌀을 많이 사서 밥이나 실컷 먹어봅시다!"라고 주장했습니다.

여기서도 "옳소" 소리가 나왔습니다.

가만히 듣고 있던 저는 말했습니다.

"여러분, 이것은 쌀을 사라고 준 것도 아니고, 보리차 공장을 지으라고 준 것도 아니며 시각장애인들의 영혼 구원, 즉 우리 친구들의 영혼 구원을 위해 사용해야 합니다. 여러분은 어디서 일하고 계세요? 매일 수많은 행인들이 여러분 앞을 지나가고 있죠? 그들이 건강해 보인다고 해서 행복한 것이 아니에요. 그들 가운데는 이런저런 사정으로 세상이 살기 힘들어서 차라리 목숨을 끊어 버리려고 약을 주머니에 넣고 지나가는 분도 있을 거예요. 그분들이 우리 모습을 보며 '저렇게 육체적으로 힘드신 분들도 열심히 살아보려고 하는데, 내가 이 멀쩡한 몸으로 죽는다는 것은 부끄러운 일이다. 나도 열심히 살아봐야지' 하고 일어설 수 있다면 가장 귀한 인간의 생명을 구한 일을 행한 것입니다. 한 가지 질문해 봅시다. 여러분 바구니에 대개 동전이 놓이겠지만 때로는 지폐를 놓고 가는 분들이 안 계십니까? 가끔은 있지요? 맞아요. 배춧잎(만 원 지폐)을 놓고 가는 사람은 여러분에 대한 사례비일 겁니다. 당신들 때문에 내가 용기 있게 살겠다고, 당신을 기억하며 살겠다고, 당신을 존경한다는 그런 표현일 겁니다. 분명 자신의 어려운 고난을 통해 귀한 생명을 살려낸 여러분은 하나님이 기뻐하시는 일을 하고 있는 것입니다."

순간 분위기는 숙연해졌고 모두들 고개를 떨구었습니다.

부유하다고, 유명하다고, 지위가 높다고 행복한 것은 아닙니다. 우리 삶 중심에 주님이 계셔야만 행복해지는 것입니다. 삶의 진정한 행복을 누리도록 주님을 중심에 심어 드리기 위해 맹인교회가 설립되었지만, 참으로 힘든 순간들이 많았습니다. 현실이 너무 어렵고 생활하기 힘든 분들이니까 나무랄 수도 없었습니다.

예수님께서 부활하신 날 아침에 두 제자가 근심하며 엠마오로 내려갔습니다. '예수님도 돌아가시고 이제 우리는 어떻게 하나……' 쓸쓸한 마음으로 걸어갈 때 예수님께서 다가와 동행해 주셨습니다. 그리고 성경을 풀어 주셨습니다. 후에 제자들은 이런 이야기를 나눕니다.

"(예수님이) 길에서 우리에게 말씀하시고 우리에게 성경을 풀어 주실 때 우리 마음이 뜨겁지 않더냐?"

바로 여기서 저는 답을 얻었습니다.

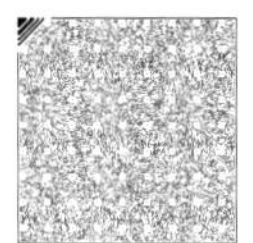

시각장애인들을 잘 돌보고 사랑해 주고 이들의 마음을 위로해 주는 많은 방법으로 다가갔지만 모두 한순간뿐이었습니다. 마음 속에 행복을 심어 주지는 못 했습니다. 조금만 힘든 일이 있으면 넘어지고 불평하며 모든 감사의 조건을 뒤집어 버렸습니다.

우리 교회와 재활원에 오시는 분들은 교회에 다니던 분들이 아니고, 오직 보호를 받기 위해 오신 분들이었습니다. 그분들의 영혼 구원을 위해 말씀의 씨앗을 뿌리고, 그들의 상한 심령을 어루만지기 위해 저는 음악 치료를 택했습니다. 상담을 통해, 핸드벨, 풍물, 오카리나, 하모니카, 트럼펫, 색소폰, 바이올린, 피아노, 플루트, 기타 등 1인 1악기를 목표로 악기를 배우도록 했습니다. 연주곡은 찬송가나 복음성가를 권유했습니다. 찬송가나 복음성가는 작사가들이 많은 시련과 연단 가운데 하나님을 만난 체험을 노래하는 간증이고 기도이기 때문입니다. 찬송을 연주하다 보면 심령이 뜨거워질 것을 확신했습니다. 시간이 지나 그 열매들이 하나 둘 나타나기 시작했습니다. 참고 인내하며 복음의 씨를 뿌리니 결국 그들이 주님을 만나고 변화되는 것을 경험했습니다.

핸드벨을 좋아하는 분들이 모여 새빛맹인핸드벨콰이어가, 풍물을 좋아하는 분들이 모여 새빛맹인풍물선교단이, 단소를 좋아하는 분들이 모여 새빛단소가, 관악기를 좋아하는 분들이 모여 새빛바디매오 합주단이 만들어졌습니다. 용인에 시각장애인 양로원이 세워졌을 때는 그곳 어르신들이 모여 베데스다오카리나가 창단되었습니다.

이들은 연주 실력이 뛰어난 전문 연주가가 아닙니다. 오직 시각 장애인을 사랑하시는 하나님이 연주를 듣는 분들을 사랑하신다고 전할 뿐입니다. 힘들고 지친 영혼들에게 시각 장애의 고난을 이기게 하신 하나님이 힘을 주실 거라고 전하면서 삶의 용기를 북돋워 드리고 있습니다. 이것이 우리 새빛의 사명입니다.

예수님을 만나면 고통과 슬픔이 기쁨과 감사와 환희로 바뀝니다. 우리 교회 성도들은 이렇게 고백합니다. "이곳이 천국입니다"라고.

또한 "누구 때문에 행복합니까?"라고 물으면 "예수님 때문에"라고 대답합니다. 이분들의 간증을 들으면 감사의 눈물이 절로 납니다. 하나님의 은혜로 사는 것이 이렇게 귀하고 좋기 때문에 다음의 복음성가가 우리 시각 장애 형제, 자매님들의 뜨거운 신앙고백

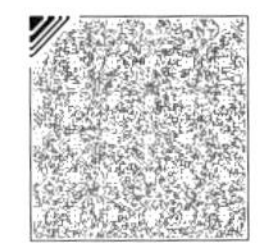

이 되었습니다.

예수님이 좋은걸 어떡합니까
예수님이 좋은걸 어떡합니까
세상의 어떤 것도 비길 수 없네
예수님이 좋은걸 어떡합니까
예수님이 좋은걸 어떡합니까
날 위해 십자가를 지신 예수님
예수님이 좋은걸 어떡합니까

새빛맹인재활원,
세상에서 당당하게 살아가도록

새빛맹인교회는 중도실명인들이 많이 모인 교회입니다. 중도에 시력을 잃게 되면 치료를 위해 할 수 있는 모든 방법을 시도하게 됩니다. 하지만 결국 시력을 완전히 잃게 되었을 때는 가지고 있던 모든 재산을 치료비로 소진한 상태가 됩니다. 시각 장애와 함께 경제적인 고통을 얻게 되고, 그 고통은 가정불화로 이어져 남편, 아내, 자녀가 떠나는 아픔을 겪어야 합니다. 버림받는 고통은 시각 장애의 고통보다 더 큰 상처로 남습니다.

이렇게 세상으로부터 버림받은 분들이 하나 둘, 우리 교회로 모이기 시작했습니다. 세상에서 버림받은 그분들을 다시 세상으로 내몰 수는 없습니다. 힘이 들고 어렵더라도 그분들의 상처를 예수님의 사랑으로 감싸 안고 싶었습니다. 그래서 그분들의 생활을 돌봐 드렸지만, 의식주 해결을 돕는 것만으로는 그들을 온전히 돕는다고 할 수 없습니다. 그들이 재활하여 버림받은 세상에서 당당하게 한 사회인으로 살아갈 수 있도록 돕는 것이 진정한 도움이기에 1981년 3월, 새빛맹인재활원을 개원했습니다.

중도에 실명한 시각장애인들은 정규 교육을 받았어도 실명한 후에는 모든 것을 새롭게 배워야 합니다. 여덟 살이 되면 초등학교에 입학하여 글을 배우듯이 실명 후에는 점자를 새로 배워야 합니다. 이 점자가 문제입니다. 점자는 6개의 작은 점으로 이루어져 있습니다. 예를 들어 'ㄱ'은 네 번째 점, 'ㄴ'은 첫 번째와 네 번째 점으로 외우기는 비교적 쉽습니다. 하지만 읽는 것은 아주 어렵습니다. 손가락의 모든 신경을 모아 울룩불룩 튀어나온 점들을 파악해야 하기 때문입니다.

특히 감각이 퇴화되는 삼십대 이후 실명하신 분들이 점자를 익히는 것은 더욱 어렵고 오랜 시간이 걸립니다. 감각이 생기지 않아 점자를 포기하는 안타까운 시각장애인들도 있습니다.

보행 교육은 또한 점자 습득 이상으로 어렵습니다. 눈 대신 흰 지팡이를 의지하는 보행은 순간순간 많은 위험이 도사리고 있어 보행 과정에서 다치는 시각장애인들이 상당히 많습니다. 가장 잦은 사고는 지하철에서 내릴 때 지하철과 승강장 사이에 빠지거나,

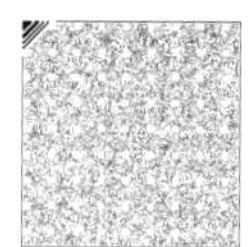

거리에 서 있는 전신주나 차들과 부딪히거나, 돌진하는 차를 피하지 못하여 생기는 교통사고 등입니다.

저도 최근 일본에 집회를 인도하러 갔다가 전동차에서 내리다 승강장 사이에 빠지는 아찔한 순간이 있었습니다. 다행히 안내원이 즉시 발견하여 전동차가 출발하지 않았기에 망정이지, 조금만 늦었어도 천국에 갔을 거라고 농담 삼아 교인들에게 이야기합니다만, 지금 생각해도 위험천만한 순간이었습니다. 이처럼 시각장애인들은 목숨을 내놓고 보행을 하고 있는 실정입니다.

일상적응 훈련과 보행, 점자, 컴퓨터 등 기초 재활교육을 마치면 검정고시, 맹학교, 일반 대학, 신학교, 대한안마사협회 입학 등 각자 진로에 따라 전문 재활 과정이 이뤄집니다. 이 모든 과정을 거치는 데 6~7년 이상의 긴 시간이 필요합니다.

중도실명 장애인이 재활교육 과정을 마치는 데는 긴 시간과 많은 지원이 필요한데 이것을 우리 새빛맹인재활원이 사명감을 가지고 담당하고 있습니다. 감사하게도 지난 30여 년 동안 많은 시각장애인들이 재활 과정을 마치고 가정을 이루었고, 목회자, 특수재활교사, 사회복지사, 안마사 등의 사회구성원이 되어 복음의 빛을 전하고 있습니다.

안타깝게도 많은 시각장애인들이 실명의 고통뿐 아니라 고혈압, 당뇨, 안과 질환, 중도실명의 정신적인 충격으로 인한 정신 질환, 복합 장애 등으로 이중의 고통을 받고 있는 형편입니다. 앞을 못 보는 사람이 다른 중한 병까지 있으니 불편하고 고통스러운 삶은 이루 말로 표현할 수 없습니다. 가정에서 한 식구가 아파도 온 식구가 힘들고 어려운 것처럼 재활원 식구들 가운데는 늘 환자가 여러 명 있기 때문에 손이 모자랍니다.

재활원에서는 웃지 못할 일들도 자주 일어납니다. 문을 열면 여는 순간 누군가 이마를 부딪히고, 문을 닫으면 발가락이 다치는 등

새빛맹인재활원에서
함께 기도하는 형제들

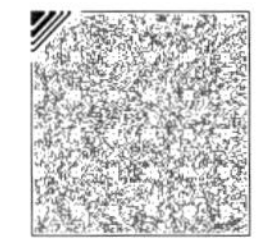

닫아 놓아도 다치고, 열어 놓아도 다칩니다. 이럴 수도 없고, 저럴 수도 없습니다.

또 조금 보이는 약시자弱視者들은 환한 빛이 좋으니 자꾸 불을 켜고, 전혀 보이지 않는 시각장애인들은 전기료가 아까워 소등합니다. 하나는 켜고 하나는 끄고, 어느 쪽에 맞춰야 할지 난감해집니다.

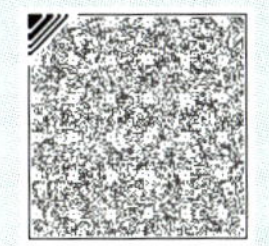

3

방배동으로 그리고
용인으로

효자 맵시나, 방배동으로 옮기다

미아리 시절 이야기를 끝내고 방배동으로 옮긴 이야기를 시작하면서 아내를 만난 일을 빼놓을 수 없습니다.

미아리에서 진흥야간학교를 세워 구두닦이와 넝마주이 아이들과 같이 생활하면서 가르치고 있을 때 워커힐호텔에서 세계장애인대회가 열렸습니다. 장애인과 관련된 일을 하는 분들이 모인 대회였는데 3천여 명이 모였다고 합니다. 저는 어떤 분들이 오셨나 궁금한 마음으로 참석했습니다.

나중에 제 아내가 된 사람은 고려대학교에서 재활의학을 전공하고 유명한 정형외과에서 근무하고 있었는데, 원장 선생님이 그 대회에 참석해 보는 것이 좋겠다고 권유해서 재활 파트에 참석했습니다.

아내와 저는 파트가 달랐는데, 세미나의 여러 과정에 따라 장소를 옮기는 중에 사람들이 북적대는 호텔에서 자주 부딪치고 또 다른 장소로 가도 다시 만나 부딪치다 보니 자연스럽게 이야기를 나누게 되었습니다.

"자꾸 이렇게 만나게 되는데 얘기나 합시다" 하고 통성명을 한 후 제가 하고 있는 일을 소개하니, 구두닦이들을 위한 야간학교는 희귀한 사례 가운데 하나라며 관심을 보였습니다. 그리고 자신도 한 부분을 맡아서 도와주고 싶다고 했습니다. 진흥야간학교는 늘 도움의 손길이 필요하니 한 과목을 맡아서 도와달라고 부탁했더니 정말 찾아와서 열심히 도와주었습니다.

저는 그때 교실 한 구석을 막아서 생활하고 있었는데 낮에는 학생들도 있고, 선생님도 계시고, 주위에 사람들이 있어서 도움을 받을 수 있었습니다. 그러나 저녁시간이 되어 모두 흩어지면 혼자서 꼼짝 못하는 처지가 되었습니다. 그때 제가 사랑하는 열네 살 소년 한 명이 저를 도와 안내해 주고 있었는데, 이 소년이 아내에게 은근히 암시를 주었습니다. 그 소년이 아내에게 다음과 같이 말했다고 합니다.

"누나, 우리 안 선생님은 낮에는 주위에 사람이 많지만 저녁에는 모두 가시기 때문에 제가 선생님 곁에서 도와드리고는 있어요. 하

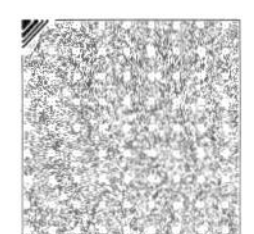

지만 누나 같은 분이 계시면 정말 좋겠는데……. 우리 선생님 옆에서 오랫동안 도와주세요.”

아내는 제가 자신의 도움이 필요한 사람이라고 느꼈던 것 같습니다. 그 후 우리는 자주 만나게 되었습니다.

한번은 제 모습이 너무 초라하게 보였는지 옷을 빨아 주겠다고 하는 것이었습니다. 러닝셔츠도 손질해 주겠다고 했는데 저는 싫다고 했습니다. 갈아입을 러닝셔츠가 없었기 때문입니다. 그런데 물러서지 않고 자꾸 달라기에 ‘에이, 모르겠다’ 하는 심정으로 러닝셔츠를 벗어 던졌습니다.

“어이쿠, 펑크 난 게 더 많네요. 어떻게 이런 걸 입고 다녔어요?”

“통풍이 잘 돼서 더 좋았죠.”

아내가 기가 막혀 웃으면서도 저를 보고는 마음에 여유가 있고 재미있는 사람이라고 했습니다. 사실은 그렇지도 못한데……. 이런 과정을 거치면서 우리는 서로 마음이 하나가 되어 갔습니다.

아내는 제가 강연이나 교회의 집회 그리고 중앙대 사회개발대학원에 공부하러 다니는 것을 동행하며 도와주었습니다. 그러다가 이런 처지로는 한계가 있다는 것을 점점 느끼기 시작했습니다. 예를 들어 시각장애인들에게는 화장실 출입이 큰 문제인데 거기까지 동행할 수는 없는 일이었습니다.

아내는 예수가 누군지 전혀 모르는 집안에서 태어났습니다. 고등학생 시절 친구의 전도를 받아 혼자 용산의 삼각지에 있는 교회에 나가고 있었습니다. 아내는 서울 가회동 출신으로 옛날에 높은 벼슬을 지낸 바 있는 양반 집 자손이었습니다. 아버지는 유학생이 드문 그 시절에 일본 유학을 다녀오셨고 기관차 개발, 벽돌회사 설립 등 많은 활동을 하신 분이었습니다. 1남 7녀를 두었는데, 아내가 여섯 살 때 어머니가 수술을 받다가 정전이 되는 바람에 불행하게도 세상을 떠나셨다고 합니다. 아버지는 재혼하지 않고 자녀들을 키웠는데, 자녀들 모두 잘 살았습니다. 오빠는 아주 무서운 분이었습니다.

아내가 시각장애인과 사귀고 있다는 소문이 나자 아내의 집안에서는 "우리 집안에 맹인은 한 발도 들어올 수 없다"고 강경하게 나왔고 전화선을 끊어 전화도 하지 못하게 했습니다.

아내는 저 때문에 집에서 매도 맞고, 이루 말할 수 없는 어려움을 겪었습니다. 살던 사람도 못 살겠다고 나간 처지이고, 나이 차이도 많고, 가진 재산도 한 푼 없고, 무엇보다도 시각장애인이니 그렇게 나오는 것이 당연했습니다. 그러나 아내는 집안의 반대가 심할수록 더욱 담대해져서 아버지에게 "집안에 딸이 많으니 저 하나는 놓아 주세요"라고 간청했습니다.

결국 하나님께서 역사하셔서 꼭 닫힌 아내 가족의 마음을 열어 주셨고 우리는 가정을 이루게 되었습니다. 저의 아버지는 "집안에 천사가 들어왔다"며 기뻐하셨습니다.

아내는 평소 옆집에 사는 장로님 가정을 늘 부러워했습니다. 그 가정은 이북에서 피난 온 분들이었는데 예수 믿는 집안답게 화목하게 지내어 늘 보기 좋았다고 합니다. 그런데 저와 결혼한 아내는 제가 이북 출신이고 예수 믿는 사람이어서 소원이 이뤄졌다며 기뻐했습니다.

아내가 없었다면 저는 이 사역을 계속할 수 없었을 것입니다. 건강한 사람들이 모인 것이 아니고 도움의 손이 필요한 사람들이어서 항상 많은 일이 산적한 가운데 아내는 오직 은혜로 열심히 일하고, 식구들을 사랑하고 이해해 주었습니다.

저는 함께 일하는 직원들의 도움도 많이 받고 있습니다. 그러나 직원의 도움과 아내의 도움은 질적으로 다릅니다. 특히 저는 해외 집회를 많이 다니는데, 이것은 단순한 여행이 아닙니다. 고된 일정 때문에 몸이 한없이 피곤해도 저를 만나고 싶어 하는 사람들을 모두 만나야 하고, 만나는 사람 모두를 친절하게 대해야 합니다. 해외 집회를 마치고 돌아온 지 얼마 안 되어서 짐도 풀지 못했는데 새로 짐을 싸서 공항으로 가야 하는 일도 있습니다, 아내는 그 모든 일을 묵묵히 감당해 주었습니다.

아내는 제가 의지할 수 있는 누나 역할을 해주는 동시에 상담자이며, 최고의 사모입니다. 이렇게 귀한 내조자를 만나게 해주시고 30년을 한마음으로 같은 길을 걸으며 동역자로서 함께할 수 있는 사람을 만난 것은 모두 하나님의 은혜입니다.

우리 내외가 이렇게 사는 모습이 교회의 성도들, 이웃들, 시각장애인들 그리고 우리를 돕는 분들에게 본이 되는 것 같습니다.

"앞을 잘 보시는 건강한 분이 저렇게 시각장애인과 결혼해서 열심히 살아가고 있구나" 하는 도전을 주어 시각장애인과 결혼하는

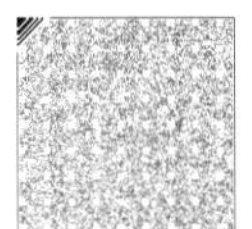

여성 분들이 많이 나타났다고 합니다.

미아리에서 시작한 야간학교의 학생 수가 자꾸 늘어나는 바람에 장소가 좁아서 어려움을 겪고 있을 때, 앞에서 말한 여성 단체의 도움을 받게 되었습니다. 그 여성 단체에서 미아4동에 있는 건물 한 층의 넓은 공간을 전세로 계약해 주었습니다. 명의는 그분들로 하고 우리는 그저 사용하기만 하는 것이었습니다. 그런데 그 단체 와 조금 맞지 않는 일이 생겨 서먹한 관계가 되는 바람에 전세금을 돌려 드려야 하는 일이 생겼습니다. 사정을 해도 통하지 않아 길거 리에 몰리게 되었습니다. 저는 하나님께 간구했습니다.

당시 연예인들이 간증 집회를 많이 다니면서 은혜를 나누던 때 였습니다. 새빛맹인교회에도 구봉서, 김희자, 민창기, 방은미, 오 승일, 윤복희, 윤형주, 이용복, 전아, 전일용, 허림 등 유명한 분들 이 찾아 주셨습니다.

그때 고은아 권사님이 분주한 가운데 시간을 내어 새빛맹인교회 에 오셨는데, 좋은 말씀을 해주시며 대화를 나누다가 우리의 어려 운 사정을 알게 되었습니다. 권사님이 "목사님, 제가 내일 다시 오 겠습니다"라고 하신 후 다음날 오시더니 "이것은 광고 출연료인데 하나님께서 기뻐하시는 일에 쓰려고 갖고 있었어요. 하나님이 여기를 자꾸 말씀해 주시네요. 하나님이 기뻐하시는 일에 요긴하게 쓰시기 바랍니다" 하고는 큰 액수가 담긴 봉투를 주고 가셨습니다. 고은아 권사님은 하나님이 우리에게 보내신 천사였습니다.

우리는 시내 쪽으로 조금 더 나가 길음3동에 2층을 사무실, 3층을 예배실과 야간학교로 쓸 수 있는 공간을 마련해 1981년 4월 10일에 이전했습니다. 4월 19일 이전 감사 예배를 드렸는데 종암경찰서 김효은 서장님도 참석해 주셨습니다.

그해 가을, 새빛맹인교회와 진흥야간중학교의 월동 준비를 위한 자선 일일다방을 새한병원 옆에 있는 금성다방에서 열었는데 종암경찰서와 교경협의회가 이 일을 적극적으로 도와주었습니다.

그런데 세상 물정을 잘 모르는 제가 그만 실수를 했습니다. 임대차보호계약을 해야 하는데 전세계약이면 다 되는 줄 알고 있었던 것입니다. 1년쯤 지난 어느 날, 갑자기 사람들이 달려들더니 뭔가 써 붙이고 한 달 안에 건물을 비워 달라고 하는 것이었습니다. 이 건물이 경매 처분을 받게 되었다는 것입니다. 아닌 밤중에 홍두깨라는 말처럼 우리는 아무 대책 없이 돈 한 푼 받지 못하고 밀려나오

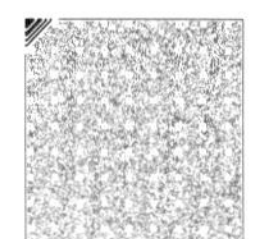

게 되었습니다. 저의 무지와 무능을 탓해도 소용없었습니다.

변호사인 장로님을 찾아가서 도와 달라고 부탁드려 보았지만 돕고 싶어도 법적으로는 어떻게 할 도리가 없다는 것입니다.

식구들은 "하나님, 우리에게 어찌 이런 어려움만 겹치게 하십니까? 하나님이 살아 계시다면 우리를 이렇게 힘들고 억울하게 길거리에 내몰리도록 버려두실 수 있습니까?" 하며 원망했습니다.

교인들은 목사에게 불평할 수 있었지만, 목사인 저는 이야기할 사람이 없었습니다. 그저 "하나님, 저의 갈 길은 어디입니까? 동방 박사들에게 길을 인도해 주신 하나님, 저희의 갈 길을 열어 주옵소서"라고 하나님께 기도할 뿐이었습니다.

먼저 어린이 학교의 문을 닫았고 곧이어 맹인 숙소를 비워 주었습니다. 그러던 어느 날 여의도에 있는 모 교회의 전도사님으로부터 전화가 걸려왔습니다.

"목사님, 중등부 집회에 오셔서 좋은 말씀을 해주시길 부탁드립니다."

당연히 사양하지 않고 가겠다고 해야 하는데, 저는 몸과 마음이 소진되어 피곤하고, 현실적인 문제들로 답답한 데다가, 장년부 집회가 아닌 중등부 집회라고 하니 좀 가볍게 여겨져서, 시간을 내기 어려우니 다음에 가겠다고 했습니다. 전도사님은 몹시 서운해 했습니다. '다음에'는 사탄이 잘 하는 이야기입니다.

그런데 그때 하나님께서 "금방 너 '다음에'라고 그랬지? 중등부가 자라서 고등부, 고등부가 자라서 청년부, 청년부가 자라서 장년부가 되는데 너는 어리석게 장년부 집회만 원하느냐? 가라! 어서 잘못했다고 그래!"라고 하시는 것이었습니다.

저는 "아니요"라고 했다가도 금세 마음을 돌려서 "네" 하며 순종한 적이 많습니다.

"하나님, 잘못했어요" 하고는 다시 그분께 전화를 걸었습니다.

"아까는 급한 사정이 있어서 그랬는데, 언제 가면 좋을까요?"

그 전도사님은 무척 기뻐했습니다.

여기서 하나님의 역사를 보게 되었습니다. 당시는 현수막을 자유롭게 설치할 수 있었습니다. 중등부 집회를 현수막까지 설치하여 알리는 일은 별로 없었는데 이번 경우에는 중등부 집회를 알리는 현수막을 여러 곳에 설치했습니다. 여의도에 아파트가 처음 들어설 무렵이던 당시 중등부 학생들이 수십 명 정도 왔고, 그 현수

막을 본 어른들이 400~500명 가량 와서 결국 장년부 집회가 되었습니다.

인간이 아무리 계획을 세우고 노력하여 온갖 방법을 동원해도 하나님이 세우지 않으시면 아무 소용이 없습니다. 내 뜻대로 되지 않는 일을 만나면 시험이라 하지 말고 더 좋은 일을 위한 연단이라 여기고 순종하며 나아갈 때 하나님이 인도하시고 복을 베풀어 주심을 다시금 깨닫게 되었습니다.

집회를 잘 마치고 돌아온 이틀 후 한 통의 전화를 받았습니다.

"목사님, 저는 목사님의 여의도 집회에 참석해서 은혜를 많이 받은 집사입니다. 몸이 불편한 아들이 있어서 데리고 갔는데 그 아이가 목사님을 그렇게 좋아하며 보고 싶어 하네요. 우리 아들을 위해 오셔서 기도 좀 해주세요."

저는 바로 응낙하고 갔어야 했지만, '아니, 나는 지금 많은 시각 장애 형제자매들과 갈 곳이 없어서 길거리에 나가야 할 판인데, 장애인 아들 하나를 위해 와서 기도해 달라고 하는 것은 너무한 거 아니야' 하는 생각이 들어 다음에 가겠다고 했습니다.

하나님은 이번에도 침묵하지 않으시고 이렇게 말씀하셨습니다.

"너 또 '다음에'라고 그랬지? 왜 자꾸 그러느냐? 한 장애인을 위해 기도해 주지 못하는 목사가 어떻게 30명, 50명을 위한다는 거냐? 너는 나쁜 목사다. 잘못했다고 얼른 다시 전화하거라!"

저는 즉각 순종하여 다시 전화를 했습니다.

"집사님, 죄송해요. 아까는 사정이 있었어요. 언제 몇 시까지 가면 될까요?"

그 집사님은 매우 기뻐했습니다.

당시 저는 어느 집사님이 미국으로 이민을 떠나면서 기증하신 '맵시나'라는 오래된 승용차를 사용하고 있었는데, 이 차가 가다가 두 번이나 섰습니다. 시각장애인들은 시간 약속을 잘 지키는 편입니다. 저도 시간에 철저했지만, 결국 그날은 차 때문에 한 시간이나 늦었습니다.

헐레벌떡 서둘러 가서 집사님께 양해를 구했습니다.

"아, 차가 문제를 일으켜서 늦었습니다. 대단히 죄송합니다."

"목사님, 세상 일을 하는 저희 남편도 그런 차는 안 타고 다닙니다. 하나님의 일을 하시는 목사님의 차가 자꾸 그렇게 말썽을 일으키면 안 되지요. 목사님, 우선 이 돈으로 차를 다른 것으로 바꾸

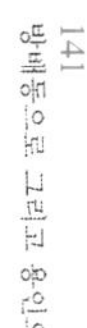

세요.”

집사님은 제게 봉투를 하나 건네 주었습니다. 하나님께 순종하니 금세 또 상이 주어졌습니다.

그 집사님이 덧붙인 말씀이 있습니다.

“제가 목사님을 오시라고 한 것은 우리 아들이 목사님을 보고 싶어 하기 때문이기도 하지만 다른 이유도 있었습니다. 제가 집회에 참석해서 말씀을 듣는 가운데 일반 교회들은 목사님 사택이 있지만, 맹인교회는 없을 것 같았기 때문입니다. 목사님, 이거 얼마 안 되는 헌금이지만 꼭 전해 드리고 싶습니다. 목사님 사택을 마련하시든지, 다른 필요한 일에 쓰시든지 하여 하나님의 일에 써주세요.”

그 집사님이 주신 돈은 지금으로도 큰돈이지만, 그때는 어마어마한 금액이라고 할 수 있는 헌금이었습니다. 그 집사님이 굉장한 부자라고 여기실 테지만, 사실은 자그마한 기업을 운영하는 분이었습니다. 집사님이 제게 더하여 해주신 말씀이 있습니다.

“우리 아들이 장애가 있어서, 적은 물질이라도 있으면 살아가는데 도움이 되지 않겠나 싶어 오랫동안 절약하여 모은 돈입니다. 안 목사님이 오셔서 집회하실 때 은혜를 받고 이 물질이 장애아 한 명보다 더 많은 장애인을 위해 쓰는 것이 하나님 앞에서 기쁨이 될 것 같아 목사님을 오시라고 청한 것입니다.”

“예, 감사합니다.”

저는 눈물이 핑 돌았습니다. 이 돈으로 전세를 구하면 넓은 평수를 구할 수 있겠지만, 공간이 너무 넓으면 관리비가 많이 들고 힘이 든다는 것을 알기 때문에 망설이며 고민했습니다. 그때 새로운 생각이 떠올랐습니다.

‘아, 그렇지. 자체 건물을 갖는 방법은 어떨까? 싼 땅이 있으면 매입해서 우리 건물을 마련해야겠구나!’

그래서 서울 변두리 여러 곳을 다니며 매물로 나온 땅들을 조사해 보았습니다. 모두 터무니없는 액수여서 포기하고 낡은 건물을 사는 것이 좋겠다는 싶어 여기저기 보러 다녔는데 그것 또한 여의치 않았습니다.

하루는 복덕방에서 건물이 하나 나왔는데 와 보겠냐는 전화가 왔습니다. 맵시나를 타고 가는데 이 차가 어느 정도 달리다가 예전처럼 도중에 섰습니다. 기사님이 보닛을 열어 살피고 있는데 아내

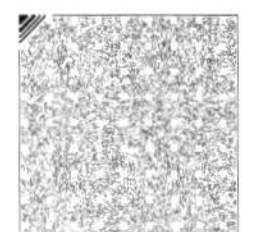

가 밖을 둘러보더니 말했습니다.

"여보, 여기가 복덕방 앞이네! 우리 맵시나가 여기 선 것은 무슨 뜻이 있는 것 같아요."

"알았어요. 그 복덕방에 들어가 봅시다."

우리는 낯선 복덕방에 들어가서 사정을 얘기했습니다. 하나는 사무실, 하나는 예배실, 하나는 숙소, 하나는 교실 등 공간 넷이 있는 건물이 필요하다고 했더니 얼마를 가지고 있냐는 것이었습니다. 액수를 말했더니, 복덕방 주인은 계속 장기를 두며 타이르듯이 말했습니다.

"말도 되지 않는 소리 하지 마세요. 이 동네에 그 돈으로는 절대 그런 곳을 구할 수 없어요. 욕심도 많으시네……."

복덕방 주인이 말을 딱 자르는데 마침 그 복덕방에 놀러 와서 장기 두는 것을 훈수하고 있던 다른 복덕방 영감님이 우리에게 관심을 보이셨습니다. 다시 한 번 얘기해 달라고 해서 설명했더니, 길 건너편에 건물이 하나 있는데 가 보자고 하면서 안내를 했습니다. 시흥동에 사는 스님 한 분이 포교당을 지으려고 '강남지구 불교포교원'이라는 간판까지 내걸었는데 무슨 사정이 있었는지 흉가처럼 방치한 2층 건물이었습니다. 가서 보니 우리가 원하던 공간 네 개가 꼭 맞게 있는 구조였습니다.

제가 가진 돈이 그 건물주가 제시하는 가격에 못 미쳤지만 융자를 받아서, 스님과 목사가 앉아 매매 계약서를 썼습니다.

재주가 많은 우리 학생들이 페인트를 칠하고, 도배도 하고, 망치질도 하여 온전히 우리 힘으로 수리를 마쳤습니다. 그런 과정을 거쳐 1985년 11월 3일, 절간이 될 건물이 교회가 되었습니다.

우리 맵시나가 자주 서서 속을 썩였는데 실은 큰 효도를 한 셈이 되었습니다. 그때 맵시나가 서지 않고 그냥 지나쳐 갔더라면 그 건

1985년 방배동으로 이전한
새빛맹인선교회

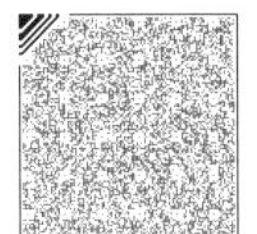

물은 구하지 못했을 것입니다. 그 맵시나는 복차福車였습니다.

　순종하니 순종한 만큼 갚아 주시는 것을 체험했습니다. 현재의 고난은 장차 우리에게 나타날 영광과 족히 비교할 수 없다고 하셨는데, 우리에게 시험이 오지만 전체를 보면 더 큰 뜻을 이루기 위한 하나님의 계획이 있음을 깨닫게 됩니다. 지금도 저는 어려운 일을 겪을 때 단순한 일로서만 보지 않습니다. 이것을 통해 역사하실 하나님의 은혜와 축복을 기대합니다. 어려움이 와도 하나님의 섭리를 알기 위해 기도하며 감당하고 이겨내려고 애쓰며 삽니다.

　하나님은 우리가 보기에 늦을지언정 언제나 꼭 맞게 응답해 주십니다. 하박국이 많은 문제를 안고 기도할 때 하나님은 "비록 더딜지라도 기다리라. 지체되지 않고 반드시 응하리라(합 2:3)"고 하셨습니다.

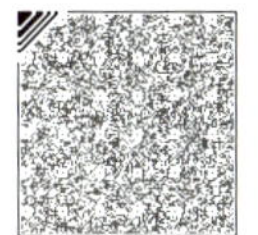

화재, 두꺼비가 준 새 집

우리가 매입한 건물은 낡아서 비가 오면 여기저기 샜습니다. 그런데 여성 장애인 한 분이 비 오는 날 2층에서 내려오다가 굴러서 그만 팔이 부러지는 일이 생겼습니다. 구청에서 사람이 나와 건물을 보고는 안전에 문제가 있으니 당장 건물을 헐라는 공문을 보내고 야단이었습니다.

건물을 헐고 개천 옆에 임시로 텐트를 쳐서 시각장애인들을 그곳에서 지내게 하고, 옆 건물 지하실을 급히 빌려서 예배실 겸 사무실로 쓰는데, 짐은 잔뜩 쌓여 있고 불편이 이만저만이 아니었습니다. 하지만 우리 힘으로는 건물을 다시 지을 수가 없었습니다.

답답한 날들을 보내고 있는데 다른 교회 성도님들이 몇 분 오셔서 자신들이 직접 돕지 못하는 것을 안타까워하며 간곡한 어조로 조언해 주었습니다.

"이 강남 지역엔 부유층 성도들이 많이 다니는 큰 교회들이 있으니, 찾아가서 사정을 한번 말해 보는 것이 어떻겠습니까? 어려움을 겪는 시각장애인 교회 하나 못 도와주겠습니까?"

저는 도움을 구하러 가지 않는 것이 잘하는 일은 아니라고 여겨져서 몇 교회를 찾아가 사정을 이야기했습니다. 큰 교회는 큰 교회 나름대로 하는 일이 많고, 계획하고 있는 일과 사정이 있다 보니, 우리 교회를 도와주는 일이 뜻대로 되지 않았습니다.

어느 날 여의도 순복음교회에서 초등학교 교사들을 대상으로 집회를 했는데 제가 초청을 받아서 설교를 하고 왔습니다. 그 집회에 참석했던 선생님들 몇 분이 자기 반 학생들에게 우리 교회 이야기를 하고 도와주자고 했습니다. 그들이 돼지저금통을 만들어 학생들과 함께 동전을 모아서 왔습니다. 바로 그 돼지저금통이 보리떡 다섯 개와 물고기 두 마리가 되었습니다.

이 소식을 들은 인형 장사하는 아주머니, 빈대떡 파는 아주머니, 시골에서 개척교회를 하시는 전도사님 등 오히려 도움을 받아야 할 분들이 우리 교회에 도움을 주셨습니다. 저는 돈이 있어서 돕는 것도 아니고 돈이 없어서 못 돕는 것도 아니라는 것을 느꼈습니다.

1990년 7월 1일부터 주보 표지에 5층으로 된 새빛선교회관 신축조감도를 싣기 시작했고, 9월 30일 착공 예배를 드리고 공사를 하기 시작했습니다. 그러나 공사비 문제로 공사가 여러 차례 중단되는 난항을 겪었습니다.

1991년 7월 7일부터 대지 67평, 건평 199평의 새 건물에서 예배를 드리기 시작했습니다. 건물이 완공되어 예배를 드리는 것이 아니라 임시로 사용하고 있던 예배 처소를 비워 주어야 했기 때문

1991년 신축한
새빛맹인선교회관

에 모든 것이 미비한 상태에서 옮겨 간 것입니다. 그런 어려움 속에서 건물이 완공되어 10월 14일, 드디어 입당 예배를 드릴 수 있었습니다.

지하는 예배실로 새빛노래선교단과 새빛맹인핸드벨콰이어가 사용하고, 1층은 주차장과 식당으로, 2층은 새빛선교회 사무실과 자료실, 《점자 새빛》 출판실로, 3층은 물리치료실, 재활교육실, 녹음봉사실, 점자제작실, 컴퓨터 점자번역실로, 4층은 새빛맹인재활원 남자 숙소로 사용했으며, 5층은 여자 숙소, 맹인 부부 숙소 외에 신학생, 기초 취업생, 검정고시 교육생들이 사용했습니다. 공사비는 모두 4억 원이 들었는데 그 가운데 1억 5천만 원은 빚으로 남았습니다.

그런데 기쁨은 잠시뿐, 생각지 않은 일이 일어나고 말았습니다. 화재가 난 것입니다. 1992년 3월 20일 새벽 1시에 4층 남자 숙소에서 화재가 발생했습니다. 시각장애인들에게는 라디오가 필수품인데 배터리 값을 절약하기 위해 충전기를 많이 사용합니다. 충전기를 콘센트에 꽂아 놓았는데 이것이 불량품이었는지 화재의 원인이 되었습니다. 보는 분들 같으면 충전기를 빨리 뽑아서 화재를 막

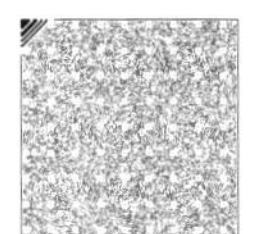

을 수 있었겠지만, 앞을 못 보는 형제들이니 냄새가 나는데 어디서 나는지 알 수 없어 서로 부딪히고 우왕좌왕하는 사이에 불길이 건물에 번진 것입니다. 아비규환이라는 말 그대로 연기와 불길 속에서 보지 못하는 분들에게는 큰 낭패가 아닐 수 없었습니다.

집으로 급한 전화가 왔습니다.

"목사님! 큰일 났습니다. 우리 건물에 화재가 났어요!"

"오, 하나님! 이럴 수가……. 이럴 수가……."

앞을 못 보는 형제자매들이 4층, 5층에서 어떻게 헤어 나올 수 있을까? 건물이 좁아 비상계단도 비상문도 만들 수 없었고, 그냥 층계로 대피할 수밖에 없을 텐데, 내려오는 입구가 불길에 잠겼다면 어떻게 내려올 수 있을까? 그때의 심정은 이루 말로 형용할 수 없었습니다.

"오, 하나님! 오, 하나님! 이럴 수가요! 사랑하는 우리 형제자매들에게 어떻게……. 우리 식구들을 버리시나이까……. 하나님……."

현장으로 급히 달려갔습니다. 아우성이었습니다. 결국 어렵게 지은 건물은 모두 타 버렸습니다. 어떻게 지은 건물인데, 얼마나 귀한 사랑이 모여서 지은 건물인데, 이렇게 되다니…….

"하나님, 어찌하여 저희가 이런 시련을 겪어야 됩니까!"

하나님이 밉고 원망스러웠습니다. 너무나 눈앞이 캄캄하고 앞일이 막연했습니다. 식구들 가운데에서도 "목사님! 어찌하여 저희에게 이런 시련이 또 오는 걸까요? 우리가 왜 이런 어려움을 겪어야 하나요? 또 앞으로 어떻게 살라는 말입니까? 이런 하나님을 우리가 믿어야 됩니까? 하나님은 정말 계십니까?" 원망의 목소리들이 터져 나왔습니다.

그런 가운데에도 하나님의 기적이라고밖에 말할 수 없는 사랑의 손길이 있었습니다. 그날 사무장을 맡고 있던 집사님이 우리 집을 방문해서 여러 가지 의논을 하고 있었는데 이야기가 길어져서 자정을 넘기게 되었습니다. 그런데 이야기 도중 갑자기 그 집사님이 식구들에게 전화를 하고 싶다고 했습니다. 그때는 한 전화가 각 방마다 연결되어 있어서 전화가 올 때면 남녀 숙소의 전화가 모두 울리기 때문에 그 시간에 전화가 올 때면 모두 깨게 됩니다. 피곤하고 어려운 형제자매들이 이제 잠들어 있는 시간일 텐데 왜 전화를 하느냐고 말렸더니, 잠시 수화기를 내려놓고 망설이다가 아무래

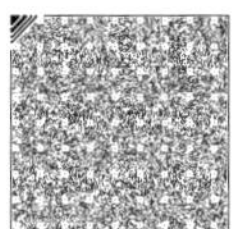

도 전화를 해야겠다며 수화기를 드는 것입니다. 결국 집사님은 전화를 했고 그 전화 소리에 온 식구가 잠에서 깨어난 상태에서 불이 나 식구들이 신속하게 대피할 수 있었습니다. 성령님이 전화를 하라고 재촉하셨던 것입니다.

더욱 놀라운 것은 30여 명의 식구 중 한 분도 사상자가 나오지 않았고, 몇몇 분이 연기 때문에 약간의 기관지 후유증으로 치료를 받았지만 생명에는 전혀 지장이 없었다는 사실입니다.

교회가 들어올 때부터, "하필이면 맹인교회가 여기 들어오는 게냐?", "자녀 교육에 지장이 있다", "아침 출근길에 맹인을 보면 정말 재수가 없다"는 등의 이유로 우리 교회는 동네에서 푸대접을 받고 있었습니다. 게다가 교회에서 바깥벽에 종을 하나 매달아 일정한 간격으로 '땡땡' 소리를 내고 있었습니다. 외출했던 식구들이 돌아올 때 그 소리를 듣고 방향을 확인할 수 있게 달아 놓은 것입니다. 동네 사람들은 이 종소리가 거슬린다며 발로 걷어차거나 집어던지기도 하고, 심지어 종을 떼서 팽개치기까지 했습니다.

그런데 불이 나자 동네 주민들이 우리 건물에 들어가서 시각장애인들을 안고 나와 생명을 구해 주었습니다. 우리 식구들을 자신의 집에 데려가서 아랫목에 앉히고, 김칫국물을 떠먹여 주고, 이불을 덮어 주고 주물러 주면서 심신을 안정시켜 준 고마운 분도 있었습니다.

화재 사건을 통해 동네 주민들은 시각장애인들의 어려움을 알게 되었고, 우리도 주민들의 사랑을 알게 되면서 서로를 이해하는 계기가 되었습니다. 그 후부터는 동네 주민들이 시각장애인들의 어려움을 많이 살피고 신경을 써주고 있습니다. 그런 점에서는 슬픔이 기쁨이 된 것입니다.

그날 저는 부산 해운대 인근 교회에 저녁 집회가 예정되어 있었는데 우리 사정 때문에 집회를 취소할 수는 없어서 부산에 내려갔습니다. 예배 시간이 다가오는데도 귓가에는 여전히 소방차 사이렌 소리가 들려오고 식구들의 울부짖는 소리가 쟁쟁하며 가슴에는 '하나님 어찌하여……'라는 울부짖음이 솟구쳐 올랐습니다. 이런 심정으로 강단에 서서 '사랑의 하나님'이란 말을 할 수 없을 것 같아서 바닷가를 산책하며 마음을 정돈하려고 애를 썼습니다.

그런데 멀리서 바람결을 타고 노래 소리가 들려오는 것이었습니다.

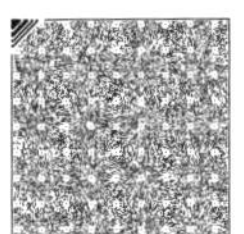

"새 집 다오. 새 집 다오. 새 집 다오……."

'새 집? 새 집은 우리가 필요한데 누구에게 새 집을 달라고 그러나? 도대체 누구한테 새 집을 달라고 그러는지 한번 가 보자.'

저는 소리가 나는 곳으로 다가갔습니다. 어린 아이들이 모래밭에 손을 파묻고 저도 어렸을 때 불러 본 노래를 부르고 있었습니다.

"두껍아, 두껍아, 헌 집 줄게. 새 집 다오. 새 집 다오. 새 집 다오!"

제 입가에는 쓴웃음이 지어졌습니다.

'그래, 그렇게 하면 두꺼비가 새 집을 주니?'

그 순간 귀에 익은 성령님의 음성이 귓가에 울려왔습니다.

"눈이 먼 초기에 서울역에서 노숙할 때 네가 실명한 것은 하나님의 영광을 위해서이니, 네가 배운 것을 배우지 못한 이들에게 나누어 주라."

성령님은 잔잔한 음성으로 제 이름을 부르며 말씀하셨습니다.

"요한아, 너도 불러 보아라. 내가 너를 도울 것이다."

저는 서울역에서 그랬던 것처럼 무릎을 꿇었습니다. 해운대 바닷가에 있는 저를 찾아 주신 성령님이 너무나 감사했습니다. 저는 벌떡 일어나 바다 쪽을 향해 그 노래를 불렀습니다.

그런데 놀라운 사건이 일어났습니다. 제 마음과 입술은 두꺼비를 부르려고 하는데 성령님은 두꺼비 대신에 이 말을 제게 넣어 주셨습니다.

"하나님, 하나님, 탄 집 줄게. 새 집 주소. 하나님, 하나님, 탄 집 줄게. 새 집 주소."

저는 그날 저녁, 은혜롭게 집회를 마칠 수 있었습니다. 이때껏 많은 집회들 가운데 가장 뜨겁고 은혜가 충만한 집회였습니다. 온 성도들도 성령의 강한 역사를 체험했습니다. 저는 집회를 마치고 올라와서 교인들에게 이 체험을 간증하면서 외쳤습니다.

"여러분! 다 같이 따라하겠습니다! 하나님은 두꺼비보다 부자다!"

지금도 우리 가족들은 이야기합니다.

"하나님은 두꺼비보다 부자이시기 때문에 우리는 괜찮아요."

하나님은 시련을 통해 새로운 사랑의 보금자리를 든든하게 만들어 주셨습니다.

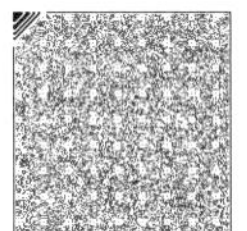

하나님을 믿는 신자의 삶에서 순조롭고 좋은 일이 생기면 복을 받았다고 하고, 힘들고 어렵운 일이 생기면 화를 당했다고 합니다. 그러나 말씀을 통해 보면 하나님께서는 화를 복으로 바꿔 주시고, 인간적인 실패도 연단의 과정을 통해 새로운 성공의 길로 열어 주시는 것을 알 수 있습니다. 모두 저의 부족으로 일어난 그 화재를 통해 많은 것을 깨달았습니다.

부산 집회를 마치고 올라오니 화재로 손실된 건물을 재건하기 위한 후원금이 필요했습니다. 이 과정에서 꼭 돈이 많다고 돕는 것도 아니고, 돈이 없어서 못 돕는 것도 아님을 다시금 경험했습니다. 십자가 주님의 사랑이 가슴에 얼마나 많은가에 따라 돕고 싶은 자원함이 따라오게 됩니다.

어느 선교단체가 소록도를 방문했을 때였습니다. 한센병자들을 만나는 것을 두려워했던 그들에게 한 간호사의 모습이 눈에 띄었습니다. 그 간호사는 아무 거리낌 없이 환자 발의 고름을 짜내고 치료해 주었습니다. 방문자들은 너무나 놀란 나머지 그 간호사에게 큰 감동을 받아 눈물을 흘리며 물었습니다.

"어떻게 그럴 수 있습니까? 우리는 이들을 만날까 봐 두려워 피하곤 했는데요."

"저도 못합니다. 제 속에 들어오신 주님의 십자가 사랑이 하고 있을 뿐입니다."

이 일화처럼 그동안 새빛을 후원해 주신 분들은 화재 사건을 아시고 평소보다 후원금을 더 보태서 보내 주셨습니다. 결과적으로 새로운 후원자들보다 평소에 계속 돕던 분들이 힘을 합쳐서 다시 건축할 수 있는 재정이 마련된 것입니다. 그 수많은 사람들의 소중한 사연들은 일일이 다 말하기 어려울 정도로 다양합니다. 이처럼 어려움 속에서 감사한 일들이 끊이지 않았습니다.

요즘도 시각장애인 시설이 주변에 있으면 반가워할 사람이 없을 것입니다. 겉으로는 서로 도와야지 하면서도 막상 이웃의 현실로 다가오면 외면하기 십상입니다. 깨끗한 동네에 불쾌감을 주는 시설이 들어온다고 난색을 표하며 반대하는 목소리가 높았는데 화재 사건을 통해 이웃 주민들과 새로운 관계를 형성한 것은 큰 유익이었습니다. 지금도 동네 주민이 음식과 나눠 쓸 것 등을 우리 시설 앞에 놓고 가는 일이 있습니다. 김장철엔 손수 김장을 도와 주기도 하십니다.

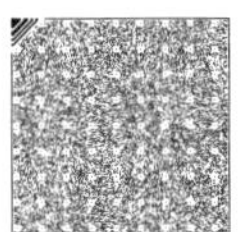

이런 일도 있었습니다. 하루는 우리 시각장애인 형제가 외출 후 돌아오다가 전봇대에 머리를 심하게 부딪쳐서 이마에 피가 줄줄 흐르고 있었습니다. 그때 지나가던 여대생이 그 형제의 이마를 닦아 주고는 급히 병원에 안내하여 위기를 모면할 수 있었습니다. 동네 주민인 그 여대생의 베풂에 우리는 눈물을 흘렸습니다. 이렇게 이웃의 큰 사랑을 받을 줄은 미처 몰랐습니다. 화재를 통해 어려움도 있었지만, 생각지 못했던 사랑과 이해, 관심도 받을 수 있었습니다.

우리 시설에 화재가 난 바로 그 새벽 1시에 강서구 화곡동 연립주택 1층에서도 화재가 났습니다. 그곳의 여섯 식구가 화재 때문에 돌아가셨다고 합니다. 같은 시간에 앞을 보시는 분들은 1층에서 큰 화를 입은 반면 우리 시각장애인 가족들은 4, 5층에서 일어난 화재에 단 한 분도 큰 탈 없이 살 수 있었던 것은 기적이라고밖에 할 수 없습니다.

그 후 한 달에 한 번 화재 훈련을 시작했습니다. 벨이 울리면 진짜 화재가 난 것으로 생각하고 아래층으로 피신하는 연습을 했는데 빛을 조금 보는 시각장애인이 완전 실명 장애인을 모시고 내려가도록 했습니다. 그런데 내려온 가족들이 다시 올라가지는 못합니다. 우리 건물은 67평의 좁은 대지에 5층을 올려놔서 공간이 비좁아 비상계단을 만들지 못했습니다. 지금도 겨울철이 되면 혹시 화재가 일어나지 않을까 불안해서 잠을 설치곤 합니다. 어떻게든 넓은 곳으로 옮겨서 시각장애인 가족들을 넉넉하게 모시고, 비상계단도 설치할 수 있도록 기도하고 있습니다. 단, 화재 대비 단속은 철저하게 하고 있습니다.

> 이와 같이 성령도 우리의 연약함을 도우시나니 우리는 마땅히 기도할 바를 알지 못하나 오직 성령이 말할 수 없는 탄식으로 우리를 위하여 친히 간구하시느니라 (롬 8:26)

이 말씀처럼 우리 연약함을 도우시는 하나님이시기에 지금까지 우리 식구들을 지켜 주고 계십니다. 정말 하나님의 은혜입니다.

우리가 어떤 부분의 한순간만 보면 확실히 시험과 환난만 보이는 경우가 많습니다. 그러나 하나님의 섭리를 알기 위해 힘쓰면서 넓게 보면 그것은 단지 연단이고 더 크고 새로운 복을 주시기 위한

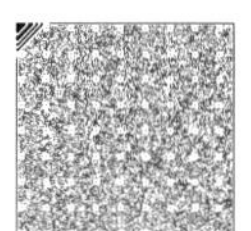

과정에 불과하다는 것을 깨달을 수 있습니다.

'하나님이 이 일을 행하시려고 우리를 연단시키셨구나' 하는 감사의 기도가 절로 나오게 됩니다.

어려운 일을 만나면 '하나님, 여기에는 어떤 뜻이 담겨 있습니까? 하나님의 방법으로 새로운 길을 열어 주시옵소서'라고 기도하게 됩니다. 하나님의 방법은 인간의 계획과 방법보다 언제나 한 수, 아니 열 수 이상 높습니다. 인간적인 방법은 처음에는 잘되는 것 같아 보여도, 시간이 지나고 보면 꼬이고 뒤틀려 괴멸되고 마는 경우가 많습니다. 그저 온전하신 하나님의 방법에 따르며 살아가는 것이 가장 큰 복입니다. 순종은 새로운 시작이요, 가장 위대한 복입니다.

성경 주석가 버클레이는 우리 두뇌에 하나님의 전능하심과 능력을 감금하여 제한시키려 하지 말고 하나님의 마음에 우리의 생각과 방법을 복종시킬 때 하나님의 방법대로 살아갈 수 있다고 했습니다. 즉 하나님의 방법 안으로 들어가서 생활할 때 모든 일이 순조롭게 이루어질 수 있다는 것입니다. 이 사실은 저의 머릿속과 신앙생활 속에 다음과 같이 입력되어 있습니다.

"내 생각과 방법을 하나님의 전능하심과 하나님의 뜻에 굴복시키고 살자!"

하나님의 수천 가지 방법 중에 한 가지 방법만 동원해도 못 이룰 일이 없습니다. 우리에게는 이 세상의 일들이 힘들게만 보여도 천지만물을 지으시고 관리하시는 하나님은 힘들지 않으십니다.

"주의 계집종이오니 말씀대로 내게 이루어지이다"라고 한 마리아처럼 하나님께 맡기고 살아가는 삶이 얼마나 복되고 귀한지요.

당시 국민일보는 "공사잔금에 화재까지… '「욥의 시련」이깁니다', 새빛선교회관 건립 안요한 목사 잇단 역경"이라는 제목으로 화재 소식을 보도했습니다.

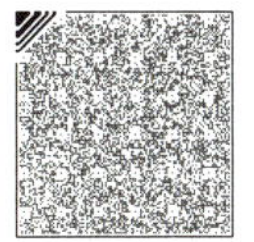

새 빛탁아원, "사람이 사는 것 같아요."

시각장애인들도 가슴이 있고 연애 감정을 가질 줄 압니다. 시력만 잃었을 뿐이지 몸과 마음은 정안인들과 다름없습니다. 정신적으로는 건강하여 사랑이 무엇인지 알고 애정을 나누며 삽니다.

시각장애인 남녀가 결혼하는 것을 상호결혼이라고 하는데, 이들 부부 사이에서 태어난 자녀는 시각장애인이 아닙니다. 시각장애인끼리 결혼하면 자녀도 다 못 보는 줄로 아는 분들이 있지만 천만의 말씀입니다.

그런데 눈 뜬 부모도 자식 하나 기르기 힘든 현실에 보지 못하는 부모가 자녀를 기르는 것은 결코 쉽지 않습니다. 아이가 무엇을 집어먹는지, 어느 구석에 있는지, 뭘 하고 있는지, 뭘 달라는 표정을 짓는지, 우는지 웃는지 알 수가 없으니 얼마나 답답하겠습니까? 아이 기르는 것이 힘들다고 여겨지는 분은 아이 기르는 시각장애인 부모를 생각하면 불평할 수 없을 것입니다.

한 시각장애인 부부가 아들이 예쁘고 귀여운데도 너무나 답답하여 기를 수가 없어서 차라리 목을 눌러 죽이고 싶더라는 슬픈 이야기를 들려주었습니다. 그 말을 듣고는 제 가슴이 터질 듯이 아팠습니다. 그러면서도 '나는 이 문제만큼은 어떻게 할 수 없어. 내가 뭐 재벌이야? 대통령이야? 내가 이 문제에 손대지 못한다고 뭐라 그럴 사람은 없을 거야. 어른들 보살피기도 힘든데……. 안 들은 걸로 해두자' 하고 넘어갔습니다. 그러나 모른 채 넘어가려 해도 잠이 오지 않았습니다. 잠자리에 들 때마다 그 말이 머리에 뱅뱅 돌았습니다. 저는 아무리 늦게 잠들더라도 새벽 다섯 시면 저절로 일어나는 습관이 있습니다. 그런데 '안 들은 것으로 해둔다고 했지?' 하는 생각 때문에 온종일 피곤하고 어지러워 잠을 잘 수 없었습니다. 몸부림치다 가까스로 잠이 들어 주님을 만났는데 그날따라 피곤하고 근심이 쌓여 초췌한 모습을 하고 계셨습니다.

"오, 주님이 또 제게 오셨군요. 주님, 저는 안 들은 걸로 하고 사니까요. 주님도 저 안 만난 것으로 하고 지나가십시오" 했다가 정말 호되게 혼이 났습니다.

"참 높아졌구나. 정말 높아졌구나. 지금까지 네가 했는지 내가

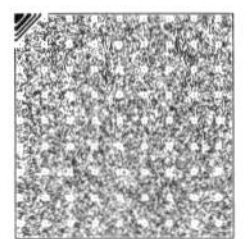

했는지 말해 보거라. 누가 했느냐?”

저는 화끈거리는 마음으로 고백했습니다.

“주여, 주님이 다 하셨습니다. 지금까지 주님이 하신 것처럼 주님이 또 맡아 주시옵소서.”

그랬더니 주님이 아주 기뻐하시면서 힘찬 걸음으로 가시는 것이었습니다. 저는 너무나 놀란 나머지 온 몸에 땀이 흐르는데 마치 물 위에 떠 있는 것처럼 느껴졌습니다.

1992년 11월 22일 주보에 이런 내용의 광고를 실었습니다.

“맹인 가정 자녀들을 위한 탁아원 시설을 우선 회관 3층에 마련하고자 합니다. 보호 받기를 원하는 자녀들은 미리 등록해 주시기 바랍니다. 우선순위별로 접수합니다. 1순위는 부부가 모두 맹인인 경우, 2순위는 부인이 맹인이고 남편이 정안인인 경우, 3순위는 남편이 맹인이고 부인이 정안인인 경우.”

교인들은 “어휴, 큰 후원자가 생겼나 보다” 하며 웅성거렸습니다. 큰 후원자가 생긴 것이 아니고 주님께 혼나고 추진한 것입니다.

《신앙계》라는 잡지사에서 취재하러 왔을 때 기자에게 말했습니다.

"탁아원 운영은 막대한 자금이 필요한 일이지만, 시각장애인 부부들을 위해 어떠한 문제보다 시급히 해결해야 할 일이 자녀 양육 문제입니다. 영아에서부터 초등학교 취학 전까지 양육 보호와 기초 교육 등에 마땅한 대책이 없었던 시각장애인 부부에게 힘이 됐으면 하는 심정에서 기도하는 마음으로 시작했습니다. 영적 치유는 물론 육신의 안식처를 마련해 줄 필요가 있는 시각장애인들에게 탁아원이 새 소망이 될 것입니다."

탁아원 개원에 필요한 비용을 마련하기 위해 1992년 11월에는 생활도자기 작품 사랑의 바자회를 열었고, 이듬해 5월에는 양재동 횃불선교회관 대강당에서 사랑의 음악회를 개최했습니다. 이 음악회에는 모테트합창단, 선명회 어린이합창단, 에코노래선교단, 한국국악선교회연주단, 복음성가 가수 윤형주 집사와 손영진 자매 등이 출연해서 주옥같은 성가를 들려주었습니다.

1993년 1월 11일부터 선교원 3층의 33평 중 재활교육 시설에 할당된 20평에 새빛탁아원 시설 공사가 시작되어 3월 7일에 먼저 유아반이 문을 열었고, 3월 15일에 개원 예배를 드리고 정식으로 자녀들을 받기 시작했습니다.

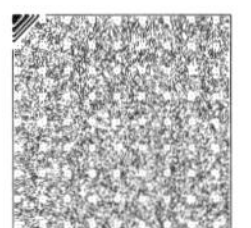

  한 시각장애인 부부의 네 살 난 아이가 말을 제대로 하지 못했습니다. 요즘 네 살 난 아이들은 까불고 재잘거리는데 이 아이는 "엄마, 아빠" 소리밖에 하지 못했습니다. 아마도 부모가 가르칠 시간이 많지 않아서 언어 발달이 늦은 것 같습니다. 그런데 탁아원에서 1년 반쯤 지나니까 찬송도 잘 부르고 성경도 암송하면서 얼마나 명랑하게 까불고 뛰어다니는지 놀라운 성장을 보였습니다.

  저는 아이들의 소리를 들으면서 하나님께 참 많이 회개했습니다. "들의 백합화를 보라. 공중 나는 새를 보라. 어느 미술가가 이렇게 아름답게 칠할 수 있겠느냐? 하나님이 다 해주시는 것이다"라는 설교를 많이 했습니다. 그 아이들이 떠드는 소리와 노래

1993년 새빛탁아원의
사랑스런 아기들

소리를 들으면서 "오, 하나님. 공중 나는 새, 들의 백합화를 보라는 말씀을 이제 알겠습니다"라는 고백이 절로 나왔습니다.

나는 아무것도 할 수 없습니다. 어부인 베드로가 밤새껏 수고했으나 고기 한 마리 못 잡았습니다. 하나님이 못 잡게 하신 것입니다. 깨달으라고 믿음의 매를 드신 것입니다. 베드로가 하나님이 하시는 일을 깨닫기 위한, 꼭 필요한 매였습니다.

저는 아무것도 할 수 없습니다. 제 힘으로 하려고 하고, 힘이 든다고 이유와 핑계를 대던 작은 믿음을 회개했습니다.

재활원 가족들은 "목사님, 집 안에 아이들 소리가 들리니까 이제 사람 사는 것 같아요"라며 기뻐했습니다.

새빛탁아원의 개원 예배를 드릴 때 이 찬송을 불렀습니다.

내 짐이 점점 무거워질 때 주 예수 앞에 아뢰이면

주께서 친히 날 구해 주사 내 대신 짐을 져주시네

무거운 짐을 나 홀로 지고 견디다 못해 쓰러질 때

불쌍히 여겨 구원해 줄 이 은혜의 주님 오직 예수

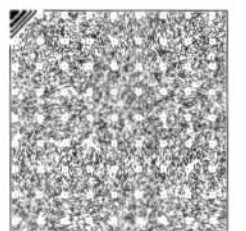

믿음 생활을 하면서 하나님의 돌봄 가운데 살면서도, 힘든 일을 겪을 때 스스로 해보려고 애씁니다. 그러다가 힘들어 하고 얼굴에 기쁨과 감격이 없고 수심에 싸여 축 늘어져 초라해 보이는 것은 결코 잘하는 일이 아닙니다.

예수 그리스도를 믿으면 주님이 하신 말씀을 믿고, 우리의 모든 문제를 맡기길 원하시는 주님 앞에 내려놓아야 합니다. 안 맡기는 것이 주님을 위하는 것이 아닙니다. 맡겨 드리는 것이 주님을 사랑하는 사람이 하는 일이고 주님을 기쁘시게 하고 주님을 위하는 길입니다. 완전히 맡겨 드리고 주님이 주시는 위로와 평화의 선물을 받아서 기쁨과 소망을 회복해야 합니다.

안타깝게도 새빛탁아원은 현재 운영이 중단된 상태입니다. 보모가 3교대로 24시간을 일해야 하는 과중한 업무를 감당해야 하고 인건비가 많이 들어서 재정을 감당하기가 쉽지 않기 때문입니다. 탁아원 운영은 반드시 계속해야 할 일이기 때문에 이 일을 위해 계속 기도하고 있습니다.

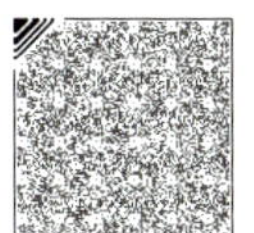

용인 새빛요한의 집, 이장님의 어깨춤

신학교 편입을 위해 면접을 볼 때 교수님이 하신 질문이 있습니다.

"안요한 씨, 시력을 잃고 신학을 공부해서 어떤 사역을 할 계획이십니까?"

"새로운 목회를 위한 목회자가 되고자 합니다"라고 해야 적절한 답일 텐데, 저는 답을 제대로 이야기하지 못하고 "맹인 양로원을 하려고 합니다"라고 동문서답을 했습니다.

맹인 양로원을 하려면 사회복지학을 공부하는 것이 낫지, 구태여 신학을 공부해서 목사가 될 이유는 없었습니다. 그런데 성령님께서 그렇게 대답하도록 하신 것입니다.

저는 결정적인 순간에 성령님께서 말씀해 주시는 것을 자주 체험합니다. 제가 지혜가 부족하고 모자란 것을 성령님이 잘 아시기 때문에 저를 대신해 주시는 것이 아닌가 생각됩니다.

그로부터 30년이 지난 어느 날, 초등학교 4학년을 담임하고 있는 여선생님과 신앙 상담을 한 일이 있습니다. 그 선생님은 자신이 담임하고 있는 아이들에게 지나가는 말로 물었습니다.

"얘들아, 너희 부모님이 늙으시면 어떻게 하겠니?"

그랬더니 반 이상의 어린이들이 충격적인 대답을 했다고 합니다.

"뭐, 산에 버리지요!"

아이들이 태연스럽게 하는 얘기를 듣고 저도 큰 충격을 받았습니다.

'아니, 보는 노인들은 산에 버려져도 정신만 온전하면 길을 찾아 돌아올 수 있겠지만, 앞을 못 보는 시각 장애 어르신들은 어떻게 될 것인가?' 고민하지 않을 수 없었습니다.

30년 전 신학교에 입학할 때 "맹인 양로원을 하려고 합니다"라고 대답했던 일이 생각났습니다. 정신이 번쩍 들어 '아, 그렇지' 하면서 이 일은 더 이상 미룰 일이 아니고 서둘러야 할 일이라고 생각했습니다.

이틀 후 사무실로 전화가 왔습니다. 여든이 넘은 시각장애인 할머니인데 동네 사람들이 도와주어서 근근이 생활했지만, 이제 불편하고 어려워서 전문 맹인 양로원 시설이 있다면 보호를 받고 싶

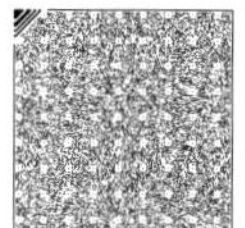

다고 하셨습니다.

"할머니, 조금만 기다려 보세요. 하나님이 할머니를 모실 수 있는 보금자리를 마련해 주실 거예요. 마련이 되면 꼭 전화를 드릴게요."

우리 교회에서는 매년 크리스마스이브에 사랑의 헌물 시간을 갖고 거기에 모아지는 정성으로 어려운 분들을 찾아가 도와주는 일을 청년들이 하고 있습니다. 3년쯤 지나 청년들이 그 할머니를 찾아가려 했는데 이미 할머니는 세상을 떠나고 계시지 않았습니다. 너무 마음이 아프고 죄송하여, 하나님 앞에 부끄러웠습니다. '내가 이렇게 게으르구나' 회개했습니다.

더 이상 양로원 시설 마련을 미룰 수 없었습니다. 우리 식구들이 절약하고 또 절약하기로 했습니다. 힘든 일도 많았지만 힘껏 절약했습니다.

새빛맹인양로원 건립 기금 마련을 위한 사랑의 음악회를 1995년 5월 2일 오후 7시에 횃불선교회관 대강당에서 열기로 하고 연초부터 주보에 광고를 했습니다. 그러나 이 무렵 제 건강이 많이 나빠졌습니다. 4월부터는 모든 목회 활동을 멈추고 안정을 취할 수

밖에 없었습니다.

이때부터 주보에는 "본 교회 안 목사님은 그동안 과로가 누적되어 후유증 발병으로 안정 치료를 받게 되어 잠시 모든 목회 활동을 쉬고 계십니다. 빠른 회복을 위한 기도와 목사님이 염려하시는 모든 일을 위해 함께 지속적인 기도를 부탁드립니다"라는 광고가 실렸습니다. 제가 활동을 하지 못하게 되자 자연히 선교회 운영에 어려움이 왔습니다.

해를 넘겨 1996년 2월 11일에 새빛맹인교회 창립 16주년 기념 예배를 드렸습니다. 창립 기념 예배는 원래 1월 둘째 주일을 전후해서 드려야 하는데, 제 건강 때문에 한 달이 늦어졌습니다. 저는 창립 16주년 예배를 드리면서 활동을 재개했습니다.

먼저 주보에 "연로하신 본 재활원 가족과 무의탁 맹인 노인들의 생활 보호와 영적 안식을 위해 절실히 요구되는 맹인 양로원 건립 부지 마련과 시설비를 위해 기도하고 있습니다"라는 광고를 계속 실었습니다.

그런 와중에 홍익대 미대 교수 한 분이 저의 간증집회에 참석했다가 은혜를 받으셨습니다. 자신의 창작물이 시설비 지원으로 연

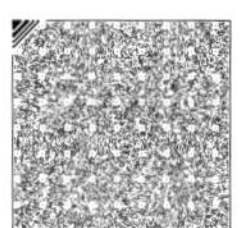

결되기를 바라는 마음에서 작품 30여 점을 기증하여 2001년 9월 용인 마가미술관에서 전시회를 열었습니다. 너무나 고마운 일이었습니다.

이렇게 마련된 재정으로 용인시 처인구 원삼면 사암리의 땅을 매입했는데 그 땅은 농지였습니다. 농지에 건물을 지으려면 용도 변경을 해야 하는데, 그 과정에서 동네 이장의 도장을 받아야 하고 여러 절차를 밟아야 하므로 시각장애인 양로원을 짓는다는 소문이 퍼지게 되었습니다. 지역 주민들 사이에서 난리가 났습니다. 지역 가치를 높이는 좋은 단체의 건물이 들어오지 않고, 하필이면 시각장애인 양로원이 마을에 들어온단 말이냐, 사암리는 저수지도 있고 경관이 좋은 풍치지역이어서 전원주택만 허가되는 곳인데 시각장애인 양로원이 들어오면 동네가 지저분해지고, 땅값이 떨어져 환경이 나빠지니까 절대로 안 된다며 아우성이었습니다. 주민 분들의 반대가 보통 심한 것이 아니었습니다. 골목마다 "요한의 집 신축 결사반대"라고 적힌 현수막을 걸어놓고 들어오지도 못하게 했습니다.

2002년 7월에 착공하기로 한 계획은 주민들의 반대로 건축허가를 받지 못한 채 계속 지연되었습니다. 행정소송을 제기하여 승소하는 과정을 거쳐 2003년 12월 30일, 용인시로부터 건축허가를 받았지만, 주민들은 민원 제기, 진정서 제출, 진입도로 사용 차단 등 온갖 방법을 동원하여 막았습니다.

그런 와중에 2004년 2월 26일 12시에 착공 예배를 드리기로 하고 마을에 통보했습니다. 마을에서는 "저것들이 결국엔 들어와서 건물을 짓는다는데 우리는 무조건 막아야 해!" 하며 결의를 다지는 모습이었습니다. 예배를 드릴 때 돌을 던질 것이라는 소식도 들려왔습니다.

큰 사건이 일어날 것으로 예측하고 기자들이 많이 내려왔고, 설교를 맡은 목사님은 모자 달린 두툼한 파커를 입고 오셨습니다. 돌을 맞을 각오를 단단히 하신 것입니다. 그 목사님은 당시 용인 수지에 규모가 큰 교회 건물을 신축하면서 주민들로부터 시달림을 받고 있었는데 "누군가 돌을 맞아야 한다면 경험이 많은 내가 맞는 것이 낫지" 하면서 오셨습니다.

저는 주변에 "우리는 아무런 힘이 없다. 기도를 해달라"는 부탁을 드리고, 비장한 마음으로 현장에 달려가 사회를 보았습니다.

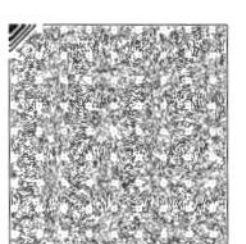

긴장된 마음으로 각오를 단단히 했습니다. 그런데 어찌된 일인지 아무 일 없이 무사히 예배를 마칠 수 있었습니다. 감사하면서도 영문을 몰라 궁금했는데 주민 한 분이 와서 "목사님, 축하합니다"라는 것입니다.

"어떻게 된 일인가요?"

"목사님, 착공 예배 시간이 다가오자 마을 주민 한 분이 갑자기 세상을 떠나셨대요. 동네가 초상집이 되어 모두 그리로 갔답니다."

하나님의 보호하심이 놀랍기 그지없었습니다. 그 후 마을 주민들이 저를 무서워한다는 이야기를 들었습니다. 주민들이 저를 제대로 파악했습니다. 저는 눈에 뵈는 것이 없는 사람이니까요. 주민들은 "저 안요한 목사의 비위를 건드리면 우린 혼난다"라고 하면서 긴장했다고 합니다. 역시 하나님의 방법이었습니다.

건축 과정도 순탄하지 않아서 부실 공사 때문에 소송을 거쳐 시공업체를 교체하는 어려움도 겪었습니다. 공사가 시작된 후 새빛맹인교회에서는 계속 기도회를 열었는데 그때마다 "잘 짓고 잘 짓세. 만세 반석 위에다 요한의 집 잘 짓세"라는 찬송을 불렀습니다.

기자 한 분이 취재차 왔을 때 저는 "노아가 방주를 지을 때의 믿음으로 양로원 건립을 추진하고 있습니다"라고 말했습니다.

나중에 그 기자가 쓴 기사를 보니 제목이 이랬습니다. "장애노인 새로운 보금자리 새빛요한의 집, 여리고 함락시킨 믿음으로 세운다."

원래는 기공한 해인 2004년 8월에 준공할 계획이었으나 2006년에야 공사가 끝나 2006년 5월 8일에 준공 허가를 받았고, 8월 29일에 준공 예배를 드리게 되었습니다.

준공 예배를 준비할 때 마을 어른인 이장님께 축사를 부탁드리기로 하고 전화를 하려니까 직원들은 이장님이 축사를 해주겠느냐며 말렸습니다. 저는 만류를 뿌리치고 전화를 걸었습니다.

"이장님, 준공 예배에 오셔서 축사를 해주십시오."

"아, 목사님 말씀대로 해야지요. 알겠습니다. 알겠습니다."

이장님은 쉽게 응하고서 전화를 끊었습니다.

직원들에게 "거 봐요. 한다고 그러잖아요" 했더니, "목사님, 금방 또 전화 올 겁니다. 어쩌다가 잘못 대답했다며 못한다는 전화가 올 겁니다"라고 하는 것이었습니다.

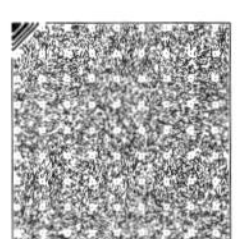

그 말대로 금세 이장님에게서 전화가 걸려왔습니다. 모두가 긴장했습니다.

"이장님, 웬 일이세요?"

"다름이 아니고 목사님, 제가 축사를 하긴 하겠는데 저는 한 번도 사람들 앞에서 얘기한 경험이 없어서 무슨 말을 어떻게 해야 할지 모르니, 제가 할 말을 써서 보내 주실 수 있나요?"

저는 속으로 할렐루야를 외치면서 "네, 보내 드리고말고요"라고 했습니다.

저는 이장님께 "우리 마을에 이 귀한 맹인 양로원이 입주하게 됨을 진심으로 환영합니다"라는 내용을 작성해서 보냈습니다. 직원 중에는 그것을 보고 "아니, 이장님이 정말 환영한다고 하겠어요? 틀림없이 말을 바꿀 겁니다"라고 하는 사람이 있었습니다.

"아니야, 믿어! 나는 그렇게 할 것으로 믿어!"

드디어 준공 예배를 드리는 날이 왔고 저는 사회를 보았습니다.

그 자리에는 건립 과정을 잘 아는 분들이 많이 참석하셨습니다.

"이제 마지막으로 이장님 나오셔서 축사를 해주시겠습니다"라고 제가 운을 떼니까 일순간 긴장감이 돌면서 '이장이 무슨 말을 할까?' 궁금해 하며 조용해졌습니다.

그런데 이장님은 "우리 마을에 이 귀한 맹인 양로원이 입주하게 됨을 마을을 대표해서 진심으로 환영합니다"라고 한 술 더 뜨는 것이었습니다.

그때 준공 예배에 참석한 하객들이 모두 일어나서 한동안 기립 박수를 보냈습니다. 예배가 끝난 다음 "이장님 수고하셨어요" 하니까 이장님은 어깨춤을 추면서 "내 생전에 이렇게 많은 사람들 앞에서 박수 받아 본 적이 오늘 처음입니다. 기분이 너무 좋습니다. 저 가겠습니다" 하면서 돌아갔습니다.

하나님은 이렇게 마무리를 지어 주셨습니다. 새빛요한의 집은 준농림지역인 대지 1,400여 평 위에 사회복지법 규정을 준수한 설계로 양로원과 강당, 직원 숙소를 갖추었습니다. 또한 지역사회를 위해 물리치료실, 휴식 공간, 소강당, 봉사자 휴게실, 독거노인 보호실, 유아보호실 등을 계획하고 있습니다. 양로원은 지하 1층, 지상 2층으로 되어 있는데 건축법규가 완화되어 건폐율이 높아짐에 따라 부부 숙소를 마련하기 위해 한 층을 증축했습니다. 지금은 동네 주민들과 서로 도우면서 좋은 관계를 유지하고 있습니다.

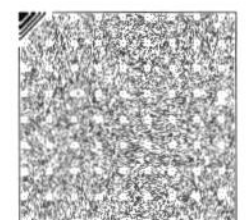

　나중에 우리나라 농촌운동의 선구자인 김용기金容基 장로님께서 6·25 전쟁을 전후해서 그 지역에 농장을 만들고 에덴향鄕이라고 이름을 붙여 개간하셨다는 이야기를 듣고 더욱 감사한 마음이 생겼습니다. 그 사실을 알고 용인 새빛요한의 집을 나이 많은 시각장애인들의 에덴으로 만들어야겠다고 다시 한 번 결심했습니다.

　새빛요한의 집에 계신 연세 많은 시각장애인 분들은 행복한 여생을 보내게 된 것에 하나님께 감사드리고 있습니다. 그곳 교회에서는 새벽제단부터 찬송이 끊이지 않습니다. 용인의 시각장애인 양로원은 우리나라에서 처음 생긴 시설이어서 많은 관심을 끌고 있습니다. 그곳은 더 많은 분들의 기도가 필요한 곳입니다.

새빛요한의 집 개원 예배

그분들을 섬기기 위해 많은 수고를 감당하고 있는 직원들은 하나님의 은혜에 감사드리며, 영광을 하나님께만 돌리고 있습니다. 직원들은 "나의 나 된 것은 모두 하나님의 은혜입니다. 내가 힘써 일했어도 모두 내가 한 것이 아닙니다. 나를 충성되게 써주신 하나님께 감사드립니다"라고 고백하며 열심히 일하고 있습니다.

기공 예배에서 돌 맞을 각오를 하고 설교를 맡아 주신 목사님은 그 뒤 우리가 발행하는 소식지《월간 새빛》에 글을 보내오셨습니다.

저는 새빛요한의 집이 세워지는 과정을 지켜보면서 하나님의 일꾼들이 하나님께서 기뻐하시는 일을 하면 그 일이 비록 힘들고 어렵더라도 꼭 이뤄 주신다는 사실을 재확인하게 되었습니다. 여러 해 전부터 새빛요한의 집 설립 구상에 대한 이야기를 들었을 때 '그것이 과연 가능할까?' 하는 마음이 있었는데 하나님은 이제 이렇게 이뤄 주셨습니다. 2년 전 쌀쌀한 겨울날, 기공 예배를 드릴 때의 긴장되고 살벌했던 주변 분위기, 그리고 어이없는 일로 힘들었던 중간 과정과 개원 예배의 축제 분위기는 너무나 대조적이었습니다. 그렇습니다. 우리가 하나님

이 원하시는 일을 위해 기도하며 힘쓸 때 하나님은 분명히 도우시며 이뤄지게 하십니다. 하나님은 앞으로 새빛요한의 집의 운영을 책임져 주실 것입니다. 이제 새빛의 사역은 미아리 시대를 거쳐 방배동 시대를 지나 방배동과 용인에서 동시에 하나님의 사랑을 전하는 것으로 그 지경이 넓어졌습니다.

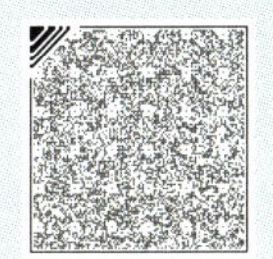

4

나는 빚진 자입니다

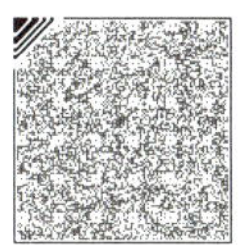

첫 간증과 첫 해외 집회

신학교 다닐 때 일입니다. 학기말 시험을 일주일 정도 남겨 둔 어느 날 오후, 귀한 손님이 저를 찾아왔습니다. 지금은 천국에 계신 분인데, 모 여자 대학 영문학 교수로 계시다가 당뇨 때문에 95퍼센트 정도 실명해서 낮에 햇빛이 있을 때는 그나마 단독 보행을 할 수 있지만 해가 떨어지면 저처럼 아무 활동도 할 수 없는 분이었습니다. 게다가 어렸을 때 중증 소아마비에 걸려서 한 걸음을 나아가려면 온 몸을 좌우로 심하게 흔들며 어렵게 걸음을 옮겨야 하는 고충도 있었던 분입니다. 인생 후반부에 시력을 잃고 교직에서 떠난 후 저와 친분이 닿게 되었습니다. 저보다 연상이어서 저는 그분을 누나라고 불렀습니다.

그분은 육신의 누나보다 더 가깝게 저를 아끼고 위로하면서 도와주셨습니다. 당시 제게 그렇게 귀하고 좋은 누님이 있었다는 사실은 큰 기쁨이자 감사한 일이었습니다. 제가 점자를 익혔을 때 그

누님께 제일 먼저 점자를 가르쳐 드렸습니다.

그 누나가 힘든 걸음걸이로 먼 곳에 있는 저를 찾아 준 것입니다. 너무나 반가웠습니다.

"누나, 웬 일이야?"

"응, 다른 일이 아니고 동두천에 있는 기도원에서 좋은 집회가 있다더라. 은혜를 받고 싶은데 네 생각이 나서 같이 가려고 데리러 왔지."

"누나, 나는 절대로 갈 수 없어."

"왜?"

"일주일 후에 학기말 시험이 있거든. 늦게 실명하여 점자도 제대로 모르고 밤을 새워도 못 따라가는 공부인데 내가 어떻게 시간을 내어 기도원에 가? 방향을 찾는 것도 서툴러서 난 절대 못 간단 말이야. 누나 혼자 가."

누님은 다짜고짜 못 가겠다는 제 대답에 잠시 머뭇거리더니 조용하면서도 강하게 타일렀습니다.

"애야, 목사가 되겠다는 애야! 하나님께서 어련히 알아서 네 앞길을 열어 주시지 않겠니? 너를 낙제시켜서 졸업도 하지 못하게

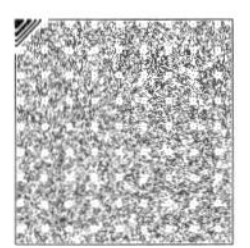

하시겠어? 그렇게 하려고 너를 신학대학에 입학시켜 주신 하나님이 아니잖아? 먼저 은혜를 받자. 은혜를 받으면 하나님께서 지금까지 길을 열어 주셨던 것처럼 이번에도 길을 열어 주실 거야. 이 믿음 가지고 은혜 받으러 가자.”

저는 누나의 말에 머리가 숙여졌습니다. 너무나 인간적이었고, 내 처지만 고집한 자아의 모습이 드러났기 때문입니다.

“누나, 미안해. 누나 말이 옳아.”

앞에서도 말씀드렸지만 저는 “아니요” 하고서도 제게 잘못이 있는 것을 깨달으면 이것저것 따지지 않고 바로 “네, 잘못했어요”라고 합니다. 마태복음 21장 28절 이하를 보면 아버지가 맏아들에게 포도원에 가서 일하라고 하니까 그는 가겠다고 하고서 가지 않았습니다. 그러나 둘째 아들은 싫다고 하고는 뉘우치고 갔다는 이야기가 있습니다. 제게는 둘째 아들과 같은 면이 있습니다. 결국은 마음을 돌이키고 순종하는 성격을 주신 하나님께 감사합니다.

제가 가겠다고 하니 누나는 기뻐하시면서, “그런데 얘야, 산중이라 좀 춥지 않겠니? 담요 한 장씩 가져가자” 하시기에 기숙사 침대의 담요를 둘둘 말아 챙겨서 나섰습니다. 우리는 둘둘 만 담요의 한쪽 끝을 각각 잡고 기숙사 문을 나섰습니다.

몹시 힘든 걸음이었습니다. 누나는 한 발 나아가려면 몸을 좌우로 흔든 다음에 나갈 수 있었고, 저는 똑바로 걸을 수는 있지만 앞을 보지 못하여 방향을 누나에게 맡긴 채 균형을 맞추어야 했습니다. 저 또한 일부러 몸을 굽혔다 폈다 하며 걸었으니 지나가는 사람들이 우리 두 사람을 보면 안쓰럽기도 하고 우습기도 했을 겁니다.

교문을 나서니 차들이 빵빵거리는데, 우리 때문에 차가 밀리는 듯하여 미안해서 진땀이 났습니다. 이럴 수도 저럴 수도 없어서 꾹 참아가며 어려운 걸음으로 청량리역까지 와서 기차를 탔습니다.

동두천역 다음인 소요산 역에서 내렸습니다. 그때는 이미 밤중이 되어 누나도 앞을 볼 수 없는 처지여서, 둘이 꼼짝할 수 없게 되고 말았습니다.

그런데 감사한 일이 있습니다. 제가 카투사로 미7사단 병참대대에서 군복무를 했는데 그 부대가 소요산 부근에 있었습니다. 그래서 그 일대는 눈 감고도 대략 파악할 수 있었습니다. 돌이켜 보면

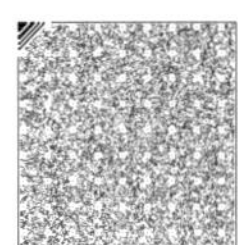

하나님께서 제가 시각장애인이 되어 이 부근에 있는 기도원을 찾아올 것을 미리 아시고 군복무 생활을 이곳에서 하게 하셨다는 생각이 듭니다.

"누나, 걱정하지 마! 하나님이 군대 생활을 여기서 하게 하셨거든. 내가 이 지역은 환해. 지금 서 있는 위치가 어디인지만 알면 돼!"

저는 지나가는 분에게 여기가 어디쯤인지 물었습니다. 대답을 듣고 국도로 나섰습니다. 요즘은 도로 포장이 되어 있지만 당시에는 비포장 도로였고 전방지역이어서, 해가 떨어지면 일반 차량은 드물고 작전 중인 군 차량만 가끔 지나가는 곳이었습니다.

국도에서 오륙백 미터 더 내려가면 왼쪽에 기도원이 있다는 것을 알고 있었기 때문에 누나에게 말했습니다.

"누나는 오른쪽 길가에서 풀을 밟으며 가세요. 풀만 밟아요. 논두렁에 들어가면 큰일 나. 나는 자동차 바퀴가 지나가는 평평한 부분을 발 감각으로 밟으며 걸어갈 테니까. 우리 그렇게 가면 돼."

우리는 담요를 가운데 두고 조심조심 앞으로 가는데, 불안한 것은 맞은편이나 뒤에서 군용 트럭이 오는 것이었습니다. 그들은 우리가 시각장애인인 줄 모를 테니, 그들이 우리를 피해 가지 않고 그대로 달려오면 저는 타이어 자국을 따라 걸어가다가 나뒹굴 수도 있었습니다. 불안했지만, 하나님께서 지켜 주시리란 믿음으로 담대하게 걸었습니다.

그때 어디선가 물소리가 들리는데 비 오는 소리인지 물 흐르는 소리인지 알 수 없어서 가만히 귀를 기울여 보니 누나가 울고 있는 것이었습니다. 우는 소리를 들으니 균형 감각이 사라지고 발밑에 신경을 쓸 수 없었습니다. 맥이 풀려 감각이 기능을 못하니 걷기가 어려웠졌습니다.

"누나, 안 되겠다. 우리 좀 쉬었다 가자."

우리는 풀밭 가장자리에 앉았습니다. 쉬면서 특별히 할 이야기도 없어서 찬송을 부르자고 하고는 "하늘 가는 밝은 길이 내 앞에 있으니"를 같이 불렀습니다.

그때였습니다. 찬송을 부르는데 뒤에서 여인들의 웅성대는 소리가 들렸습니다. 깜짝 놀라 소리를 질렀습니다.

"여보세요! 어디 가시는 분들입니까?"

"저희는 기도원에 가는 길입니다."

"아, 참 잘됐네요. 저희도 기도원에 가는 길인데 둘 다 몸이 불

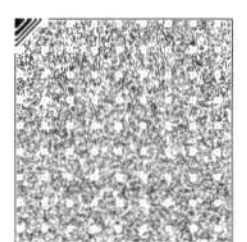

편해서 이렇게 못 가고 앉아서 쉬고 있습니다. 저희를 좀 도와주십시오.”

“그럼요. 도와 드리고말고요. 같이 가십시다.”

그 고마운 여인들이 팔을 잡아끌어 주어 우리는 빛을 만난 기쁨으로 기도원에 무사히 도착할 수 있었습니다.

하나님은 자상하시고 정확하시다는 사실을 다시 한 번 깨달았습니다. 출애굽기가 생각났습니다. 모세의 부모 아므람과 요게벳이 모세를 갈대상자에 넣어 나일강변에 띄운 그때, 하나님께서는 애굽 공주의 마음에 나일강변을 산책하고 싶은 마음이 들게 해서 모세를 건져 양육하게 했습니다. 1분 1초라도 어긋났더라면 갈대상자는 떠내려갔을 테고 공주는 못 보고 지나가 버렸을 것입니다. 이스라엘의 역사가 달라졌을지도 모를 일입니다. 하나님은 한 치의 오차도 없이 역사를 만들어 가시는 분입니다.

그렇게 도움을 받아서 기도원에 도착했는데, 기도원에 오신 분들이 우리의 사정을 아시고는 모두 우리를 위해 뜨겁게 기도해 주셨습니다. 안요한 형제의 눈을 뜨게 해달라고 그렇게 열심히 기도해 주시는 분위기 속에서 집회 마지막 시간이 되었습니다. 원장 목사님께서 오시더니 이런 말씀을 하셨습니다.

"안 선생, 은혜 많이 받으셨지요? 많은 분들이 안 선생을 위해 기도를 열심히 하시더군요. 오늘이 마지막 시간인데 잠깐 나와서 간증 좀 해주실 수 있겠어요?"

"간증이요? 어떻게 하는 건데요? 저는 지금까지 한 번도 간증해 본 경험이 없고 할 줄도 모르고 할 말도 없어요. 저는 못해요."

그랬더니 곁에서 누나가 "한다고 해!"라는 것이었습니다.

저는 하는 수 없이 한다고 하고서 앞으로 나갔지만, 앞을 못 봐서 캄캄한 것이 아니라 무슨 말을 어떻게 해야 할지 알 수 없어서, 그렇지 않아도 보이지 않는 앞이 더욱 캄캄해졌습니다. 가만히 서 있으니 사람들이 박수를 치면서 격려해 주었습니다.

저는 겨우 입을 열어 지금까지 경험한 은혜를 간증했습니다. 목사의 아들로 태어났으나 하나님을 섬기지 않고 세상의 출셋길을 달려가다가 시력을 잃은 후 버림을 받고, 그런 가운데 하나님을 만나고 배우지 못한 가난한 아이들을 위해 살겠다고 서원하고, 그 서원을 이루기 위해 지금 신학교에 재학 중인 것까지 살아온 모든 과정을 이야기했습니다. 그리고 이렇게 간증을 마무리했습니다.

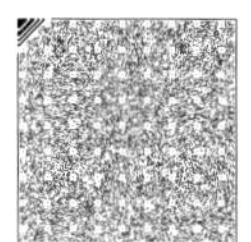

"끝으로 여러분, 저를 위해 눈을 떠서 보게 해달라고 기도를 많이 해주신 것으로 알고 있는데 감사합니다. 그러나 저는 서울역에서 시각장애인이 되고 버림받은 것을 하나님께 감사드린다고 고백했고, 이제는 복음의 빚을 갚기 위해 주님이 부르시는 날까지 열심히 일하기로 약속했습니다. 그 약속을 이루기 위해 하나님이 바울 사도에게 이르신 '내 은혜가 네게 족하다'는 신앙고백을 가지고 신학을 공부하는 중입니다. 그러니 여러분, 육신의 눈이 뜨는 것도 중요하지만 제 영혼의 눈이 더욱 밝아져서, 이 마지막 때에 영의 세계를 열어 하나님의 살아계심을 바라보고 살 수 있는 종이 되게 해달라고 더 많이 기도해 주십시오. 나의 나된 것은 하나님의 은혜라는 바울의 고백이 저의 고백이 될 수 있도록 말입니다."

유명한 성악가들의 독창이 끝나면 기립박수가 나오는 것은 알고 있었습니다. 그런데 저처럼 보잘것없는 시각장애인의 간증을 듣고 거기 모인 많은 성도들이 전부 일어나 울면서 큰 박수로 격려해 주실 때 저는 당황해서 고개를 들지 못했습니다.

감사하게도 이튿날 목사님이 차로 기숙사까지 데려다 주셔서 기도원에서 올 때는 편안하게 학교로 돌아왔습니다. 그런데 기숙사로 전화가 걸려 오기 시작했습니다. 기도원에서 저의 간증을 들으신 목사님과 장로님, 여선교회 회장님, 성도님들이 그때 은혜를 많이 받았다고 하시면서 교회 헌신 예배와 특별 집회에 와서 간증을 해달라는 것이었습니다. 그래서 저는 신학생 시절부터 간증 집회를 다니게 되었습니다. 그렇게 힘들게 찾아간 동두천의 기도원은 제게 집회 사역의 계기를 마련해 준 귀한 계기가 되었습니다.

목사 안수를 받기 직전에 서부이촌동에 있는 어느 교회의 수요 집회에서 간증을 했습니다. 그때 미국 캘리포니아에서 목회하시는 어느 여자 목사님이 한국을 방문했는데, 그 교회 목사님과 의논할 일이 있어서 교회에 오셨다가 저의 간증을 듣게 되었습니다. 그 여자 목사님과 저를 초청한 교회의 담임목사님은 신학교 동창이었다고 합니다.

저는 시각장애인이 되고 아내가 제 곁을 떠났을 때 절망에 빠져 자살하려다가 하나님이 저를 부르시는 소리인 구약성경 320면이 너희 것이라는 음성을 듣고는 다시 일어나서 신학을 공부하여 새빛맹인선교회를 만들고 야간학교를 세운 이야기를 전했습니다.

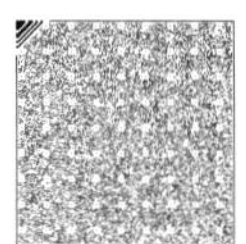

제가 "하나님께서 제게 구약성경 320면을 주셨습니다"라고 말한 순간 그 여자 목사님은 가슴이 뜨거워졌다고 합니다.

그분은 한국에서 이화여대 국문과를 졸업한 후 하나님의 부르심을 간구하면서 기도를 많이 했는데, 한번은 기도를 마치고 몸을 일으키다가 아직 해가 뜨지 않을 시간인데도 강한 햇빛이 내려오더니 "사랑하는 딸아, 내가 너를 쓰기를 원한다. 찬송가 320장을 불러 보아라" 하는 음성을 들었다는 것입니다.

그때 사용하던 합동찬송가의 320장은 "아침 해가 돋을 때 만물 신선하여라"였습니다. 그 후 미국으로 가셔서 목사님인 부군과 많은 일을 하셨습니다. 그 여자 목사님은 제가 누구인지 잘 몰랐지만, 저는 구약성경 320면을 받았고 자신은 찬송가 320장을 받았다는 사실이 우연한 일치가 아닌 하나님의 깊은 섭리 속에 계획된 일로 느꼈다고 합니다. 집회를 마치고 택시를 타고 돌아가려는 저를 불러 세워 그런 내용을 나눈 후 부흥회에 초청하고 싶으니 미국에 돌아가면 초청장을 보내겠다고 약속하셨습니다.

저는 감사하다고 하면서도 기대하지는 않았습니다. 왜냐하면 여러 목사님들이 초청장을 보내 주시겠다고 했지만, 실제로 보내 주신 분은 한 분도 없었기 때문입니다. 그런데 그분은 한 달 후 초청장을 보내 주셨고, 저는 처음으로 미국 땅을 밟게 되었습니다.

미국은 제가 꿈에 그리던 곳이었습니다. 미국에 가려고 준비하던 중에 실명해서 가지 못하게 되었으니 말입니다. 이제 저는 시각장애인 목사가 되어 복음을 들고 미국행 비행기를 타게 된 것입니다.

부모님께 인사드리러 갔을 때 어머님은 제 손에 돈을 꼭 쥐어 주시며 "외국에 나가 힘들고 어려울 때 귀하게 사용하기를 바란다"고 하셨습니다. 어머니가 주신 돈은 1달러였습니다. 미국 선교사님이 25년 전에 어머니에게 주신 것이라고 합니다. 세상 물정을 모르시는 어머니는 환율, 경제, 돈의 가치가 어떻게 되는지 전혀 알지 못하셨습니다. 미국 목사님이 주신 돈이 100만 원, 1000만 원 아니 그 이상의 큰돈으로 느끼고 계셨던 것입니다.

수없이 이사를 다니면서도 간직하셨던, 소중하게 아껴 오신 미국 돈을 평생 눈물 흘리게 하고 속을 썩게 하면서 시력을 잃은 아들의 손에 쥐어 주시던 어머니의 사랑……. 저는 그 사랑 앞에서 많은 눈물을 흘리고 감사드렸습니다. 저의 불효를 용서해 주신 것만

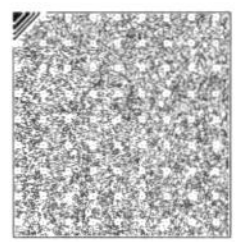

으로도 감사한데 이렇게까지 마음을 써주신 어머니의 그 1달러 사랑이 가슴에 사무쳐 저는 비행기에 올라서면서 흐르는 눈물을 주체할 수 없었습니다.

1980년 4월 22일, 제가 타이항공을 타고 김포공항을 떠날 때 조용히 계시던 어머님은 제가 비행기에 오르면서 손을 흔드는 순간부터 울음을 터뜨리셨다고 합니다. 사랑하는 아들이 젊은 시절 미국에 가고 싶어서 그렇게 노력하더니 가지 못하고, 이제 시력을 잃고 목사가 되어서 복음을 전하러 가는 모습이 신앙적으로 생각하면 장하고 감격스럽지만, 어미의 심정으로는 안쓰럽고 가엾기도 하여 마음이 아프셨던 것입니다. 어머님의 그 깊고 깊은 사랑을 제가 어찌 다 헤아리겠습니까.

드디어 비행기가 LA 공항에 도착했을 때 저는 얼른 내려서 "미국 하늘 좀 보자"고 했습니다. 젊은 시절 그토록 가고 싶었던 미국! 그 미국 하늘을 올려다보았는데 캄캄하고 보이지를 않았습니다. 그러나 꿈과 동경의 대상이었기 때문에 지금도 미국에 도착하여 비행기에서 내리면 하늘을 쳐다보는 습관이 있습니다.

미국에서 집회를 준비하는데 걱정이 있었습니다. 그때까지 한 시간 간증은 여러 번 했어도 4박 5일씩 집회를 연이어 한 일은 없었습니다. 성경 지식도 부족하고 경험도 없어서 어떻게 해야 할지 모르는 제가 여러 날 집회를 인도하느라 혼이 났습니다. 그저 하나님께 매달려 "광야의 이스라엘 백성에게 만나를 주신 하나님, 말씀의 만나를 주지 않으시면 저는 못합니다"라고 간절히 기도했더니 때마다 하나님께서 말씀을 주셔서 부흥회를 잘 마칠 수 있었습니다.

빨리 한국으로 돌아가려는데 목사님이 이런 제안을 하셨습니다. 캘리포니아 지역에 많은 한국 교회들이 있는데 멀리서 왔으니 몇 교회의 부흥회를 더 인도하고 가는 것이 어떻겠느냐는 것입니다. 감사한 마음으로 제안을 따르기로 했습니다.

그런데 얼마 뒤 목사님이 저를 다시 부르시더니 스케줄이 잘 잡히지 않는다는 것입니다. 제가 미국 교계에 알려진 강사가 아니다 보니, 다들 다음 기회에 초청하겠다는 것입니다. 목사 안수 받은 지 한 달밖에 안 된 때였으니까 한국이 아닌 미국에서 저를 모르는 것은 당연한 일이었습니다. 그런데 한국으로 돌아갈 준비를 하던 이틀 뒤 목사님이 간증 요청이 들어오기 시작한다고 하셔서, 저는

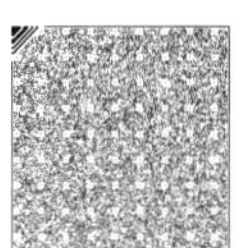

몇 달 머물면서 여러 교회의 집회를 인도하게 되었습니다.

호텔비를 절약하기 위해 월세 아파트에 머물면서 집회를 다 마치고 한국으로 돌아가려고 하는데 시카고에서 "LA에 오신 김에 시카고에도 오셔서 집회를 해주세요"라는 전화를 받았습니다. 뉴욕에서도 간증 요청이 이어져 계속 강단에 서다 보니, 미국 집회 일정이 일 년을 넘어섰습니다.

이제는 정말 귀국해야겠다고 마음먹고 짐을 정리하고 있는데 런던에서 "대서양만 건너면 되니까 런던에도 오세요"라는 연락을 받고는 영국으로 갔습니다. 결국 영국에서 다시 스웨덴으로 또 이탈리아까지 다니면서 집회를 한 후에야 귀국할 수 있었습니다. 일주일 일정으로 미국에 갔다가 1년 3개월 동안 세계를 돌며 말씀을 전하고 온 것은 하나님의 은혜요 성령님의 놀라운 인도하심이었습니다.

미국에 가면 "저는 한국에 있을 때는 안요한 목사이지만 일단 비행기를 타고 미국에 오게 되면 김요한 목사입니다. 온 '김'에 이곳에서도 오라, 이곳에 온 '김'에 저곳에서도 와달라고 계속 부탁하시기 때문입니다"라고 말합니다.

이렇게 해서 국내 집회 사역과 함께 해외 집회 사역을 이어 가게 되었습니다.

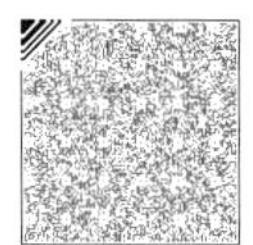

땅끝까지 가서

저는 사도 바울을 무척 좋아하고 사랑합니다. 바울은 "살든지 죽든지 내 몸에서 그리스도가 존귀하게 되게 하려 하나니(빌 1:20)"라고 했는데, 그의 일생은 언제나 주님을 높이고 자랑하고 앞서서 증거하는 것이었습니다. 사도 바울을 제2의 예수라고도 하며, "바울이 글을 쓰지 않았다면 예수님이 과연 하나님의 아들로 인정받을 수 있었겠느냐?"라고 한 신학자가 있을 만큼 사도 바울의 선교 사역은 귀하고 아름답습니다.

저는 사도 바울을 생각하면 감사와 존경과 눈물이 나옵니다. "그러나 내게는 우리 주 예수 그리스도의 십자가 외에 결코 자랑할 것이 없으니(갈6:14)", "내가 내 몸에 예수의 흔적을 지니고 있노라(갈6:17)" 이러한 놀라운 고백을 한 바울의 그림자라도 밟을 수 있다면 그보다 더 큰 영광은 없을 것입니다.

사도 바울은 헬라인이나 야만인이나 지혜 있는 자나 어리석은

자 모두에게 자신이 빚진 자라고 했는데 저 역시 빚진 자입니다.

아버지께서 가난한 목회를 계속하셔서서 우리 집은 항상 핍절한 형편이어서 가난을 견뎌야 하는 것이 괴롭고 싫었습니다. 교회 앞에 하나님은 없다고 써 붙이고 성경책을 불태워 버린 일은 지금 생각해도 아찔합니다. 그때 부모님은 물론이고 주님이 얼마나 슬퍼하셨을지 생각하면 지금도 송구스러워 견딜 수가 없습니다. 저 같은 죄인의 괴수가 용서 받고 하나님의 일꾼으로 쓰임 받고 사는 것이 얼마나 큰 영광이고, 기쁨이고, 감격이고, 감사한 일인지 알 수 없습니다. 그런 저에게 하나님은 "내가 너를 떠나지 않겠다"고 약속하셨고, 그 약속을 신실하게 지키고 계십니다.

저도 하나님과 약속했습니다.

"하나님, 저는 하나님께서 제 생명을 허락하시는 그날까지 언제 어디서나 이 지구 땅끝까지 가서 제가 만난 하나님만을 증거하며 살 것을 약속합니다."

한번은 아프리카에서 사역하고 계신 선교사님이 "이 아프리카에도 오실 수 있겠습니까? 아프리카는 땅끝이라고 할 수 있는 곳인데……"라고 연락을 주셨습니다.

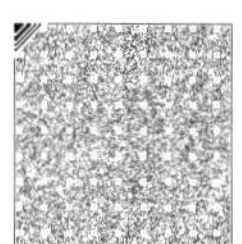

저는 하나님과 한 약속을 기억하고 바로 말씀드렸습니다.

"가지요. 목사님, 아프리카가 땅끝이라고 해도 지구 안에 있지 않습니까? 지구 안에 있다면 어디든지 가고말고요. 빚 갚으러 가야지요. 저는 주님께 큰 빚을 진 사람입니다."

하나님은 제가 드린 약속을 지킬 수 있도록 지금도 도우십니다. 특출한 능력도 없고 좋은 배경도 없는 제가 신학교에 다니던 무렵 우여곡절 끝에 동두천의 기도원에 가게 되었고, 그곳에서 첫 간증을 한 것이 계기가 되어 지구촌 여러 곳에서 집회 인도 부탁을 받게 되었습니다. 지난 30여 년간 세계 50여 국가에서 7,500여 회의 집회를 인도할 수 있었던 것은 놀라운 하나님의 은혜입니다. 제가 주님께 받은 빚을 갚는 일을 언제까지 허락하실지 모르지만, 하나님은 지금도 막힌 길을 여시고, 없는 길을 내셔서 기회를 만들어 주십니다.

저는 일생 최대의 목표를 복음 전도와 영혼 구원에 두고 있습니다. 복지 시설을 운영하면서 시설의 식구들도 귀하고 장애인 복지도 중요하지만, 그런 사역은 제가 아니어도 유능하게 해낼 훌륭한 일꾼들이 많습니다. 선한 일을 하시는 분들의 소중한 후원에 힘입어 시설 사역을 하고 있는 가운데 영혼 구원의 복음을 전하기 위한 방편으로 복지를 생각하고 있습니다. 하나님을 만나고 죄인의 괴수임을 깨달은 후 회개하는 마음으로 복음에 빚진 삶을 살아가는 저는, 하나님이 어떤 분이신지 증거하여 이 땅의 영혼들을 구원하는 사역이 가장 중요한 일임을 잊지 않고 있습니다. 이 약속을 지키기 위해 땅끝까지 찾아다니며 계속 복음을 전할 것입니다. 이 일은 힘들고 피곤하며 때로는 심한 오해도 따릅니다.

사도 바울은 "네가 어떻게 사도라고 할 수 있느냐?"는 반대파의 소리를 끊임없이 들었고, 심지어 바울을 죽이기 전에는 먹지도 마시지도 않겠다며 대적한 사람들도 수십 명에 이르렀습니다. 죽도록 맞고 옥에 갇히는 일도 한두 번이 아니었습니다. 그러나 사도 바울은 "무슨 방법을 통하든지 그리스도만 전파할 수 있다면 나는 기뻐하겠다"고 고백하면서 쉬지 않고 복음을 전했습니다. 제게 많은 어려움이 올 때마다 사도 바울을 생각하면 묵묵히 앞으로 나아가 이길 힘을 얻곤 합니다.

저는 능력의 종도 아니고 언변에 능한 종도 아닙니다. 하나님의 은혜와 성령님의 간섭 없이는 아무것도 할 수 없는 부족한 종일 뿐

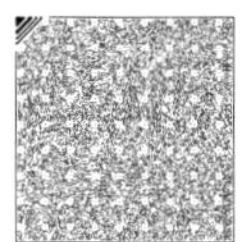

입니다. 그래서 더욱 하나님의 방법으로만 사역을 추진해 가며 감사드리게 됩니다.

특히 저는 교단의 배경이 없는 사람입니다. 제가 섬기는 새빛맹인교회는 독립교회로서 '한국독립교회 및 선교단체연합회KAICAM'에 가입되어 있습니다. 특별히 우리 교회와 인연이 있는 단체와 기관이 한 곳도 없습니다. 저는 하나님의 방법이 아니면 단 한 교회도 갈 수 없는 상황입니다.

사역을 하다 보니까 서로 초청하고 초청받는 기브 앤 테이크Give and Take라는 것이 있다는 것을 알게 되었는데, 제게는 기브만 있지 테이크할 것이 없는 형편임에도 하나님은 제가 쉬지 않고 집회를 인도할 수 있게 해주고 계십니다.

우리 교회에서 성경공부를 인도하고 계신 박인준 장로님은 펜스테이트 스테이트칼리지 한인교회에서 오셨습니다. 연세가 여든이 넘은 분으로 일생을 성경 강해를 통해 많은 젊은이를 믿음의 자녀들로 양육하셨습니다. 우리 시각장애인들에게 성경 말씀을 가르쳐주시는 박 장로님의 고마운 섬김에 송구스러워 말씀드렸습니다.

"장로님, 노후에 이렇게 오셔서 수고를 많이 하시는데, 저희가 제대로 모시지도 못하고 귀한 가르침에 은혜만 받아서 번번이 죄송합니다."

장로님은 제 손을 잡으시고는 "안 목사님, 제가 감사드려야죠. 저는 우리 새빛맹인교회에 오면 드릴 것만 있고 받을 것이 없어서 기쁘고 감사해요. 받을 것이 있으면 저는 이 교회에 와서 말씀을 나눌 필요가 없죠"라고 하셨습니다.

받을 것이 없어서 더욱 감사하고 하나님께 영광을 돌린다는 장로님의 말씀이 제 심금을 울렸습니다. 저는 시각장애인이 된 것이 정말 다행입니다. 이런 귀한 장로님을 만나는 큰 복을 누리니 말입니다.

한국의 모든 교회가 말씀 안에서 순수하게 하나님의 받은 은혜와 사랑만을 나누고 흩어질 수 있다면 얼마나 좋을까요? 사실 이것은 제 자신부터 깊이 겸손하게 깨달아야 할 진리이기도 합니다.

제가 집회에서 드리는 말씀은 우리 사역을 후원해 달라는 요청이 아니고, 제가 만난 하나님을 증거하는 것이 주된 내용입니다. 저는 집회에서 어려운 형편 때문에 필요한 금전적 도움에 관한 이야기는 거의 하지 않습니다. 그런 이야기를 강조하고 헌금을 부

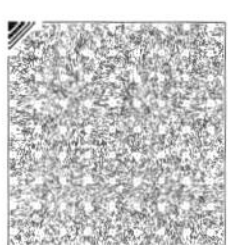

탁하면 "안 목사를 청하려면 헌금을 해줘야 한다"는 소문이 퍼질 것이고, 부담 없이 집회 일정을 계획하는 데 큰 장애가 될 것입니다. 물질 때문에 복음 전파가 막힌다면 그것은 하나님이 기뻐하시는 일이 아니며, 있을 수도 없는 일입니다. 복음만 전해지면 된다고 한 사도 바울의 말씀을 본받고자 애쓰면서 지난 30년을 달려왔습니다.

지금도 "오셔서 간증이나 한 시간 해주세요. 그리고 헌금해 드릴게요"라고 하는 교회가 있습니다. 저는 정중히 사양합니다. 영혼 구원의 중대한 목적은 뒷전으로 한 채 고생한 이야기를 모아 한 시간을 채우고 헌금 받고 오는 것은 믿음의 방법이 아닙니다. 그동안 받은 은혜가 태산같이 많고 바다보다 깊습니다. 제 삶에 임한 하나님의 은혜를 담은 메시지를 온전히 전하는 것이 저의 사명입니다. 한 시간 간증보다는 2~3일 정도 하나님의 은혜를 깊이 나눌 수 있는 집회를 선호하고 있습니다.

그리고 집회를 할 때, 모이는 사람의 수는 조금도 중요하지 않습니다. 한번은 어느 시골 교회 전도사님으로부터 전화가 왔습니다.

"우리 교회는 벽지에 있는 작은 교회입니다. 목사님께서 오실 수 있겠습니까?”

“그곳도 하나님이 허락하신 땅끝이니 가겠습니다.”

충청북도 외진 곳에 위치한 그 시골 교회를 차로 대여섯 시간 달려 도착했습니다. 교회에 가 보니 할머니 서너 분과 코흘리개 아이들 몇 명, 중학생 한두 명이 전부였습니다. 전도사님 내외분은 미안해서 어쩔 줄 몰라 하시는데 저는 조금도 개의치 않았습니다.

“미안해할 필요 없어요. 한 영혼이 천하보다 귀하다고 하는데 여러 천하가 여기 있지 않습니까?”

앞이 보이는 강사 중에 집회에 참석한 사람들 수가 적으면 맥이 빠진다고 하는 분이 있는데, 보이지 않는 저는 결코 그럴 일이 없습니다. 모든 집회마다 여기 5천명이 와 있다고 생각하면서 한 영혼을 천하보다 귀하게 여기시는 주님을 바라보고 복음을 전하고 있습니다. 안 보이기 때문에 환경과 조건을 생각하지 않고 ‘여기가 땅끝’이라고 여기면서 말씀을 전할 수 있는 것은 하나님이 제게 주신 특별한 은총입니다.

한번은 제가 외국에 있을 때 국내의 어느 지방에서 부활절 연합예배 강사로 초청하고 싶다는 연락을 받았습니다. 설교 준비 시간

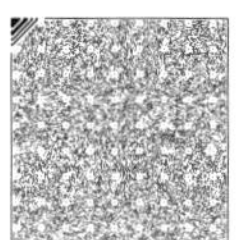

이 없는 상태에서 부활절을 하루 앞두고 귀국했습니다. 기도를 하고 가까운 공원에 갔는데 그곳에서 만발한 꽃들의 향기, 아름다운 새들의 소리, 초목의 냄새가 부활의 주님을 증거하는 중요한 소재가 되었습니다.

"목사님, 저 진달래인데 저 부활했어요."

"저는 개나리인데요."

"예수님 때문에 우리는 그냥 기뻐요. 예수님이 날개를 달아 주셔서 날 수도 있고요. 짹짹짹, 감사해요."

자연이 제게 말을 건넸습니다. 순수하고 거짓말을 하지 않는 자연은, 꾸미지 않은 그대로의 아름다운 모습으로 제 마음을 즐겁게 해주었습니다. 예수님께서도 자연 한 가운데 서서 "공중의 새를 보라. 들의 백합화가 어떻게 자라는가 생각하여 보라"고 설교하셨습니다. 저는 자연에서 받은 은혜를 가지고 부활절 연합 예배 설교를 은혜롭게 마칠 수 있었습니다.

저는 지구촌 구석구석을 저의 땅끝으로 여기고 있습니다. 광활한 그곳까지 제가 말씀을 들고 가서 전하는 것은 하나님의 부르심 때문입니다. 하나님께서 새로운 땅끝을 허락하실 때마다 저는 "하나님, 이 땅끝에서는 또 무슨 뜻이 있습니까?"라고 기도합니다.

어느 해 여름에는 70일 동안 파리, 런던, 보스턴, LA, 하와이 등 지구를 반 바퀴 돌면서 서른다섯 군데의 집회를 다녀왔습니다. 이틀에 한 번은 비행기나 차를 타고 이동하면서 집회를 한 셈입니다. 피곤한 몸에 평소보다 더욱 땀이 줄줄 흐르는데 외국 교회들은 에어컨이 없는 곳이 많고 마이크 성능이 좋지 않아서 힘이 드는 곳이 많았습니다. 땀이 비 오듯이 온몸을 타고 흘러도 세탁할 시간이 없어서 옷을 짜서 그대로 입고 다니며 집회를 했습니다.

앞에서 언급했듯이 저는 지금까지 50여 국가 7,500여 교회에서 집회를 했는데, 1만 교회 집회를 채우고 하나님 앞에 갔으면 하는 소망이 있습니다. 하나님께서 허락하셔야만 가능한 이 소원을 위해 기도하고 있습니다.

매니저는 하나님

제가 자주 받는 질문이 있습니다.

"목사님, 참 여러 곳을 다니시며 집회를 하셨는데 누가 스케줄을 만들어 주십니까?"

저의 대답은 간단합니다.

"하나님이십니다."

하나님이 저의 매니저가 되어 모든 해외 집회 스케줄을 만들고 관리해 주십니다. 하나님은 제 마음에 '어느 지역에 가서 집회를 하고 싶다'는 소원을 먼저 갖게 해주십니다. 그것을 놓고 기도하면 곧 그 지역 교회 목사님이나 장로님 또는 성도님으로부터 집회에 와달라는 요청이 들어옵니다. 한 교회의 집회만을 위해 다녀오는 것보다 간 김에 그 일대 여러 곳의 교회를 방문하여 예배를 인도하고 오면 좋겠다는 생각이 들어 이 문제를 놓고 기도하면 그대로 응답되곤 했습니다. 그래서 한 지역에 집회 일정으로 두 달에서 넉

달을 머물고 오는 경우도 있습니다.

아합 왕이 다스리던 시절, 오랫동안 비가 오지 않아 기근이 심했을 때, 엘리야는 갈멜산 꼭대기에 올라가서 땅을 바라보며 몸을 굽히고 그의 얼굴을 무릎 사이에 넣었습니다. 그리고 그의 시종에게 올라가서 바다 쪽을 살펴보라고 했습니다. 시종은 아무것도 보이지 않는다고 말했지만, 엘리야가 일곱 번을 그렇게 더 다녀오라고 했습니다. 일곱 번째가 되었을 때 그 시종은 마침내 사람의 손바닥만 한 작은 구름이 바다에서 떠오르는 것을 보았고, 곧 큰 비가 퍼붓기 시작했습니다. 이처럼 하나님은 제가 기도하는 가운데 사랑으로 연결해 주셔서 작은 구름 같은 집회 일정이 큰 비와 같이 확산되어 쉬지 않고 여러 지역을 다녀오게 해주셨습니다.

한번은 미국 버지니아의 교회에서 집회를 하고 있는데 이메일을 한 통 받았습니다. 인도네시아의 로스카 선교사님이 보내신 이메일이었습니다.

"목사님, 오랜만입니다. 싱가포르와 인도네시아에 목사님의 말씀이 필요합니다. 오실 수 있으신지요? 꼭 부탁드립니다."

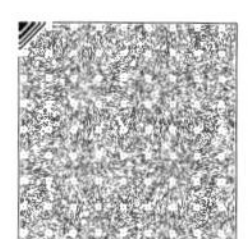

저는 '또 하나님이 새로운 땅끝을 허락하시는구나' 하며 기도했습니다. 당시 집회 중이던 교회의 목사님께 인도네시아에서 초청 의사를 전해왔다고 말씀드렸습니다. 목사님은 인도네시아에서 사역하다가 미국에 건너와 공부하면서 목회를 하고 계신 목사님을 소개해 주셨고, 그 목사님은 자신이 섬겼던 교회에 연락해서 집회 날짜를 정해 주셨습니다.

저에게 메일을 보낸 로스카 선교사님은 평신도 사역자로서 인도네시아의 가수였습니다. 이분이 저를 알게 되기까지의 사연이 있습니다.

저의 이야기로 만든 영화 〈낮은 데로 임하소서〉가 대종상을 수상한 후, 문화관광부에서 대종상 수상 작품에 영어 자막을 넣어 세계 여러 곳에 있는 한국 공관에 보냈습니다. 당시 싱가포르 한국 대사관에서 유지들을 초청해서 영어 자막의 〈낮은 데로 임하소서〉를 상영했다고 합니다.

싱가포르에 파 이스턴 바이블 칼리지Far Eastern Bible College의 설립자이자 학장인 디모데 토 목사님이 계십니다. 이분은 그 지역의 영적 지도자로 영어권의 중국인을 대상으로 큰 교회를 담임하고 계셨습니다. 그때 디모데 토 목사님이 마침 제 영화를 보시고 많은 은혜와 감동을 받으셨다고 합니다. 목사님은 대사관의 필름을 빌려서 남태평양 지역과 회교권 여러 나라의 전도 집회에서 이 영화를 상영했습니다.

디모데 토 목사님이 남태평양 여러 국가에서 영어 집회를 마치고 싱가포르로 돌아올 때입니다. 비행기에서 '보리밭'이라는 노래를 듣게 되었는데 갑자기 누가복음에 나오는 '탕자의 비유'가 떠올라 그것으로 가사를 만들어 보리밭의 곡조에 맞추어 보니 꼭 맞았다고 합니다. 디모데 토 목사님은 로스카 선교사에게 부탁해서 노래를 취입해 음반을 만들었습니다. 이 일로 로스카 선교사와 연결된 것입니다.

저는 디모데 토 목사님을 선배이자 형님으로 여기며 존경하게 되었는데, 목사님이 천국에 가신 것을 뒤늦게 알았습니다. 그 사모님께 애도의 뜻을 담아 편지를 보냈더니 답장을 주셨습니다. 답장에는 싱가포르의 신학교와 교회에서 말씀을 전해 달라는 부탁과 함께 그곳의 신학교와 교회들의 집회 일정을 잡아 주셨습니다.

그래서 저는 싱가포르와 자카르타, 바탐 및 인도네시아 여러 지

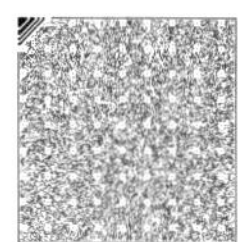

역의 집회 스케줄을 잡게 되었습니다. 그 집회에 이어 미얀마, 라오스, 캄보디아, 보르네오, 태국 등 다섯 나라에서 사역하는 천여 명 선교사들의 연례행사인 선교대회에 초청을 받았습니다. 그 선교대회에 참석하신 선교사님들을 통해 그들이 사역하고 있는 여러 나라의 집회 사역과 연결되었습니다. 하나님은 이런 방법으로 새로운 귀한 사람들과 끊임없이 관계를 맺게 해주셨습니다. 복음의 길을 땅끝까지 계속 넓혀주고 계십니다.

하나님의 일을 인간적인 방법으로 하면 처음에는 잘 되는 것 같지만 마지막에는 엉키고 뒤틀리는 경우가 부지기수입니다. 저는 제가 혼자서 계획을 세우고 스케줄을 짜본 적이 없습니다. 하나님께서 땅끝을 정하시고 하나님의 방법으로 기회를 만들어 보내 주시곤 합니다. 하나님께서 필요한 곳, 구원받아야 할 영혼이 있는 곳이면 하나님의 방법으로 어디든지 달려가게 되는 체험을 계속하고 있습니다.

그 많은 항공료와 체류 경비를 어떻게 마련하느냐고 궁금해 하는 분들도 있습니다. 사실 현실적으로 적지 않은 문제입니다. 저는 하나님이 모세에게 하신 일을 경험하고 있습니다. 모세가 하나님을 택한 것이 아니고 하나님이 모세를 택하셨습니다. 하나님은 모세가 이스라엘 백성들을 애굽에서 이끌고 나올 수 있도록 영적인 복과 리더십 그리고 물질의 복을 주셨습니다. 가나안으로 향해 갈 때 구름기둥과 불기둥으로 방향을 인도해 주셨고 또 표적과 기적을 보여 주셔서 모세가 하나님의 사람임을 나타내어 많은 백성들이 그에게 순종하게 하셨습니다. 모세는 60만 명을 이끌고 나가기 위해 자금을 모으지 않았습니다. 그에게는 오직 하나님 외에 아무런 대책이 없었습니다. 그때 하나님은 바로의 강퍅한 마음을 열었습니다. 그래서 모세를 불러 궁전의 금은보화를 가져가게 했습니다. 이민 자금을 주신 것입니다. 인간의 계획으로는 도저히 있을 수 없는 하나님의 방법입니다.

저는 비용을 걱정하지 않습니다. 하나님이 새로운 땅끝을 허락하시면 땅끝에서 복음을 전할 수 있도록 사람을 보내어 붙여 주십니다. 하나님의 방법은 멋지고 재미있습니다. 저는 가끔 하나님께서 일을 만들어 가시는 과정을 지켜보면서 "하나님, 참 재미있게 일하시네요" 하며 웃을 때가 있습니다. 그런 가운데 하나님께 전적으로 맡기고 순종하는 기도로 준비하고 있습니다. 집회가 없을 때

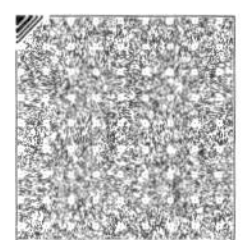

는 하나님이 지정해 주실 새로운 땅끝을 기다리며 건강 관리에 힘씁니다. 말씀을 준비하고 있으면 하나님의 때가 되어 새로운 땅끝이 정해집니다. 땅끝이 어디냐고요? 앞에서도 말씀드렸지만, 언제 어디서나 하나님 말씀을 전하는 그곳이 제게 땅끝입니다.

새로운 땅끝을 하나님이 허락하실 때마다 "이곳에는 어떤 영혼들이 구원을 소원하고 있습니까? 하나님의 방법대로 사용해 주셔서 하나님의 영광만이 높이 드러나게 해주옵소서"라고 기도하곤 합니다.

2007년 3월에 남아프리카공화국 집회 일정을 준비했는데, 그곳에 가려면 홍콩에서 비행기를 갈아타야 했습니다. '홍콩을 경유해 가는 김에 홍콩의 교회에서 집회를 할 수 있으면 좋겠다'고 생각했는데, 하나님의 은혜로 홍콩의 여러 교회에서 집회를 하게 되었습니다. 그 중의 한 교회에서 집회할 때 이런 일이 있었습니다.

첫째 날 집회를 마치고 방에 들어와 앉아 있는데 어린 초등학생이 찾아와서 "목사님, 사랑해요!"라고 하는 것이었습니다. 저는 너무나 기뻤습니다. 그 소녀는 수줍어하면서 제 손에 무엇인가를 쥐어 주었습니다.

"목사님, 이거 제가 드리는 선물이에요."

"이게 뭐니?"

"예쁜 분꽃 씨앗이에요."

그 소녀의 부모인 집사님께서 말했습니다.

"목사님, 이 아이가 목사님 말씀에 은혜를 많이 받고 집에 와서는 선물을 드리고 싶은데 선물할 것이 없다고 하면서 밤새 궁리하다가 새벽녘에 자기가 아끼던 예쁜 꽃 씨앗을 찾아냈답니다."

아, 정말 사랑스럽고 예쁘고 감사해서 저는 그 소녀의 손을 꼭 잡고 기도해 주었습니다.

그 아이의 선물은 제게 너무나 소중한 것이어서 양복 안쪽에 넣어두고는 잃어버리지 않기 위해 움직일 때마다 떨어지지 않았는지 확인하고 또 확인했습니다. 열흘 동안 아프리카 집회를 마치고 귀국한 후 그 꽃씨를 교회 앞마당에 심었습니다. 그 씨앗은 발아하여 얼마 후 예쁜 분꽃을 터뜨렸습니다.

아프리카에서 돌아온 후 발간한 《월간 새빛》의 여는 글에 이 내용을 쓰고 "분꽃이 피면 아프리카에 다시 가겠습니다"라고 약속했습니다. 아프리카에서 집회를 마치고 떠나올 때 많은 성도들이 꼭

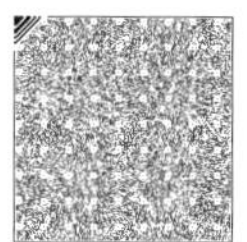

다시 와 달라고 했기 때문입니다.

얼마 후 아프리카에서 "아직 분꽃이 안 피었나요?"라는 편지가 왔습니다. 미안했습니다. 분꽃은 이미 피었다 졌기 때문입니다.

저는 "미안해요. 금년에는 피었다 졌는데 못 갔네요. 내년에 다시 피면 꼭 갈게요"라고 답장을 보냈습니다. 그 귀여운 어린 딸의 믿음과 순수한 사랑에 감동을 받은 저는 괴롭고 아팠던 마음의 상처가 다 아무는 것 같았고, 새로운 힘이 우뚝 솟았습니다.

여러 나라를 다니면서 쉬지 않고 집회를 하는 것을 보고 사람들이 대단하다고 칭찬하며 존경한다고 하지만, 저는 그런 칭찬과 존경을 받을 만한 인물이 못 됩니다. 저는 하나님께 받은 은혜대로 쓰임 받고 있는 사람인 것만으로 그저 감사하기만 합니다.

하나님께서는 사도 바울에 대해 "이 사람은 내 이름을 이방인과 임금들과 이스라엘 자손들에게 전하기 위하여 택한 나의 그릇이라(행 9:15)"고 하셨습니다. 그리고 말라기에서 "여호와께서는 이스라엘 지역 밖에서도 크시다 하리라(말 1:5)"고 하셨습니다.

이러한 말씀을 체험으로 깨닫고 배울 수 있다는 것보다 더 큰 축복은 없습니다.

새빛맹인교회는 선교하는 교회

선교에 사명을 가지고 있는 저는 맹인교회가 선교하는 교회가 되도록 힘쓰고 있습니다. 시각장애인들이 모인 맹인교회는 섬기기 쉽지 않은 교회입니다. 기상청의 일기예보를 들을 때 시각장애인들은 알려 주는 온도에 10도를 더합니다. 여름에 기온이 영상 30도라면 시각장애인들의 체감온도는 영상 40도이고, 겨울에 기온이 영하 15도라면 시각장애인들의 체감온도는 영하 25도입니다. 눈을 감아보면 추울 때는 더 춥고, 더울 때는 더 더운 것을 알 수 있을 것입니다.

새빛맹인교회는 예배실이 지하에 있습니다. 여름 불볕더위가 계속될 때 교인들은 예배드리러 지하실로 내려가면서 더위를 조금이라도 식히기 위해 벽돌을 만지면서 내려갑니다. 이것이 맹인교회의 현실입니다.

시각장애인 교인들은 매우 순수합니다. 마음에 있는 것을 그대로 행동으로 표현합니다. 교인들과 이야기하다 보면 말이 통하지 않아 답답할 때도 많지만 그들이 문제가 아니라 제가 문제라는 사실을 종종 깨닫습니다.

교인 가운데 순이네 가정을 소개합니다. 엄마만 빼놓고 아빠와 다섯 자매가 모두 선천적 시각장애인입니다. 그래서 세상 물정을 접한 적이 없고 순수해서 그 가족은 청정 바다에서 자라는 가리비와도 같이 오염되지 않은 맑은 모습입니다. 거기에 비해 37년 동안 세상을 보면서 온갖 더러운 것에 오염된 제게는 많은 문제가 있습니다.

순이는 사진을 찍는다고 하면 아파서 싫다며 안 찍는다고 야단입니다. 사진을 찍으면 실제로 살을 찍는 줄 알기 때문입니다.

"애야, 너 교회에서 특송 부를 때 사진 많이 찍었어. 그때 안 아팠지? 사진 찍는 줄도 몰랐지? 사진을 찍는다는 건 그냥 필름에 모습을 담는 거지 사람 살을 아프게 하는 게 아니야. 아픈 게 아니라고……."

이렇게 설명해 주면서 우리 애들은 순수하고 예쁘다는 것을 다시금 느낍니다.

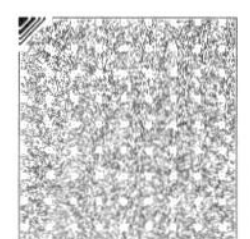

그렇게 순수한 아이들 곁에서 순수한 진리의 복음을 잘 심어 주어야 한다고 굳게 다짐합니다. 눈으로 세상의 것을 다 보고 마음이 오염되어서 죄 중에 방황하는 많은 사람들보다 앞을 못 보지만 순수하고 천사 같은 그 아이들 앞에서 제 자신이 부끄러워질 때가 한두 번이 아닙니다. 그들이 오염되지 않은 착하고 아름다운 마음을 간직할 수 있도록 신앙 지도에 힘쓰고 있습니다.

맹인교회 교인들의 실명 원인은 각양각색이고 연령, 경험, 환경이 천차만별입니다. 따라서 이들의 보호와 영적 성숙을 위해서는 유달리 많은 일손이 필요하고, 많은 기도와 사랑과 보살핌이 있어야 합니다.

방배동 새빛맹인교회에서는 교인들이 서울 여러 곳에 흩어져 살기 때문에 예배를 드릴 때 차를 운행하여 모셔온다는 것은 사정상 쉬운 일이 아닙니다. 그래서 봉사하는 성도들이 집으로 찾아가서 한 사람씩 모셔 오고, 예배를 드린 후 친교를 나누고서 개인별로 다시 집으로 모시고 갑니다. 그리고 전철이나 버스를 타고 오는 분들을 위해 봉사자들이 정류장에 나가서 기다렸다가 모셔 오고, 마치고 나면 다시 정류장까지 안내해 드립니다. 혼자 오다가 다치기도 하고, 방향을 잘못 잡아서 엉뚱한 곳으로 가는 일도 있어서 한 번 모인다는 것 자체가 몹시 복잡하고 힘든 과정을 필요로 합니다. 그런 가운데서 열심히 섬기고 찬양하고 믿음 생활을 하려고 애쓰는 분들의 모습을 보면 눈시울이 뜨거워지지 않을 수 없습니다.

시각장애인들에게는 엄마의 품처럼 그들을 따뜻하게 격려하고 기도해 주고 포용해 주는 그런 목회가 필요합니다. 저는 중도실명인이라서 시각장애인들의 마음을 충분히 헤아릴 수 없습니다. 그래서 지금도 시각장애인들의 세계를 배워가며 목회를 하고 있습니다.

그러한 가운데 새빛맹인교회는 일찍이 선교에 앞장서는 교회가 되도록 힘썼습니다. 교회가 창립된 지 2년 뒤인 1982년 주보에는 "아프리카 미개발 지역에 우리의 밝은 영안을 나누고 어려운 중에 복음의 말씀이 들어가도록 하고자 우리의 마음과 뜻과 정성을 모아 선교비 지원을 하기로 했습니다"라는 광고가 실려 있습니다.

한국기독교교회협의회에서는 10월 둘째 주일을 매스컴 선교 주일로 정했는데 1983년 선교 주일에 새빛맹인교회에서는 선교 헌금을 모금해서 31,500원을 기독교방송에 보낸 일도 있습니다. 이

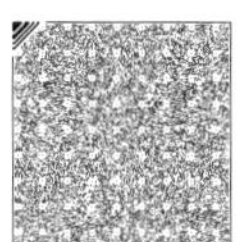

액수는 당시 우리 교회 주일헌금 전액에 해당하는 것으로, 렙돈 두 닢을 드린 가난한 과부의 심정과 같은 것이었습니다.

지금도 새빛맹인교회는 이웃의 도움을 받고 있는 처지이지만, 선교의 사명을 다하기 위해 비록 적은 액수일지언정 아프리카의 말라위, 스리랑카, 필리핀, 태국, 볼리비아, 아르헨티나, 러시아 등 세계 20여 개국 선교사들에게 선교비를 후원하고 있습니다. 이렇게 받은 사랑을 나눌 수 있게 해주신 하나님의 은혜에 감사드립니다.

도움을 받아서 운영되는 맹인교회가 어떻게 세계 20여 개국에 후원할 수 있느냐고 묻는 분들이 있습니다. 아프리카, 남미, 동남아, 남태평양 지역에 가 보면 정말 비참한 환경 가운데 살고 있는 시각장애인들이 많고, 선교가 제대로 안 되어 고통 중에 있습니다. 그러한 어려운 지역에서 많은 고충을 견디며 수고하는 선교사들을 만나게 됩니다. 소외된 지역의 시각장애인들과 그들을 제대로 돕지 못하는 열악한 기관들을 그대로 방치할 수 없어서 한 알의 콩을 쪼개어 나눠 먹는 심정으로 돕고 있습니다.

앞에서 새빛맹인핸드벨콰이어에 대해 말씀드렸는데, 2003년 3월 22일자 국민일보에 "실명의 아픔 딩! 새 삶의 용기 동! 하나님 축복 댕!"이라는 재밌는 제목으로 새빛맹인핸드벨콰이어를 소개하는 기사가 실렸습니다.

"딩동댕 저 좀 보세요. 그리고 아름다운 소리를 들어 보세요."
비록 육신의 눈은 잃었으나 핸드벨이라는 악기를 연주하며 일반인들을 감동시키는 이들이 있다. 서울 방배동 새빛맹인교회(안요한 목사)의 '맹인 핸드벨 콰이어' 단원들은 시각장애인들도 사회에 이바지할 수 있다는 신념을 갖고 오늘도 핸드벨 연주 연습에 여념이 없다.
1990년 한 사회단체로부터 핸드벨을 기증받은 것이 계기가 돼 창단된 핸드벨팀은 현재 7명의 단원이 각종 단체로부터 초청을 받아 아름다운 핸드벨 소리로 그리스도의 사랑을 전하고 있다. 단원들은 대부분 중도에 실명했으며 음악에 대해 문외한들이었다.
단원 조윤호 씨(25세, 1999년 실명)는 "무엇인가 할 수 있다는 자신감을 얻고 싶은 사람들이 모여 핸드벨팀을 만들었다"며, "커다란 사회 문제를 해결하기 위해 나서는 것도 중요하겠지만 이렇게 작은 활동을 통해 행

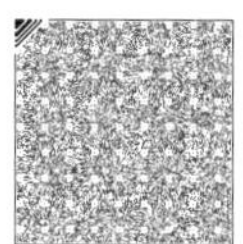

복을 찾는 것도 하나님이 주신 축복이라고 생각한다"고 말했다.

핸드벨팀은 단원 1명이 보통 2~3개의 음을 맡는다. 1주일에 2~3시간씩 연습하는데 음이 틀릴 때는 제대로 맞출 때까지 계속 연습한다. 단원들의 실력 차이가 천차만별이어서 1명이 틀리면 하루 종일 연습하는 일도 다반사다. 그래서 연습실에는 단원들의 한숨 소리가 끊이지 않는다. 이들은 지휘자를 볼 수 없어서 녹음된 악보를 듣고 외워야 하기 때문에 일반인들보다 몇 배 더 노력해야 한다. 단원 중에는 "처음에는 너무 힘들어 그만두고 싶었다"며, "우리가 핸드벨을 연주할 때 은혜를 받았다고 눈시울을 적시는 일반인들을 보면서 그들을 위해 무엇인가 해주었다는 기쁨에 밤잠을 설친다"고 말한 이도 있다.

단원들은 연습은 비록 힘들지만 핸드벨이라는 악기를 통해 참사랑을 나누며 살 수 있다면 그것이 바로 주님이 원하시는 삶이라고 이구동성으로 말했다. 이들은 이제 핸드벨 연주뿐만 아니라 실명 후 소명을 통해 하나님의 영광을 드러내고 사람들에게 삶의 용기와 희망을 심어 주는 영적인 인간으로 거듭나고 싶어 한다.

"우리가 실명한 것은 하나님의 영광을 나타내려 함이라" (요 9:3)

〈유영대 기자〉

새빛맹인핸드벨콰이어는 2004년에는 캐나다 토론토 지역에 순회선교연주를 다녀왔고, 그 이듬해에는 미주 지역에, 2009년에는 일본에 다녀왔습니다.

캐나다 연주 때 이들은 인디언 보호구역에서도 공연을 했습니다. 전직 고위 공직자로서 새빛맹인교회에서 봉사활동을 하시다가 캐나다로 가서 인디언들에게 복음을 전하고 있는 이종구 선교사님은 새빛맹인핸드벨콰이어의 인디언 보호구역 공연에 대해 다음과 같은 감격적인 글을 보내왔습니다.

2005년 새빛맹인핸드벨콰이어의 미주 연주 집회(헬렌 켈러가 졸업한 퍼킨스 스쿨)

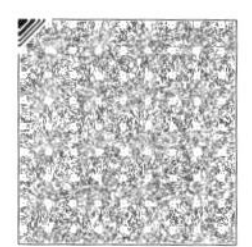

인디언 보호구역에 들어온 지 6개월이 안 되어 이곳을 방문한 새빛맹 인핸드벨연주단의 연주와 간증은 인디언들에게 '새빛'이었다. 자기들 만 힘든 줄 알았는데, 더욱 힘든 환경에서도 웃음을 잃지 않는 핸드벨 연주팀의 밝은 모습이 이들에게 용기와 희망과 도전을 주었다. 이후 하나님께서는 이들을 점차 변화시키셨다. 우선 핸드벨 공연에 참관하 러 왔던 추장을 통해 마을회관 등 공공건물에서의 흡연, 술, 노름 금지 조치가 내려졌다. 다른 인디언 보호구역에서는 상상도 못할 이 조치는 하나님의 도우심이 아니라면 설명할 길이 없다. 그리고 3명으로 시작 한 이곳 교회도 이제는 매주 40여 명이 출석하고 있다. 이는 인디언보 호 구역 내에서 가장 큰 교회로 성장한 사례가 되었다.

새빛맹인풍물선교단은 2008년 8월에 대만 선교집회를 떠났습 니다. 지독한 무더위 속에서 열린 집회를 통해, 우상숭배가 팽배해 있던 그곳 주민들이 오랫동안 지켜온 관습을 버리고 예수님을 영 접하는 놀라운 역사가 일어났습니다.

새빛맹인풍물선교단이 선교회관 마당에서 집회를 할 때 근처 아 파트에 사는 중국인 중년 부인이 우리 연주를 들어보려고 왔다가 연주자들이 시각장애인이라는 사실을 알고 눈물을 흘리며 저를 찾아왔습니다. 그분은 질병으로 조금씩 시력을 잃어가며 절망하고 있던 터였습니다. 우리를 통해 위로와 용기를 얻게 되었다고 고백하며 예수님 안에서 어려움을 극복할 수 있도록 기도해 주기를 부탁하여 제가 숙소로 모시고 가서 영접기도를 인도했습니다. 그 후 그 부인은 중국인 교회에 다니며 열심히 신앙생활을 한다는 소식을 들었습니다.

새빛맹인풍물선교단은 같은 해 12월에 태국의 치앙마이와 미얀마의 양곤, 라오스의 비엔티안, 인도네시아의 메단, 니아스 섬 등에 선교 여행을 떠나 맹학교, 고아원, 청소년 선교 현장 등을 방문했습니다. 치앙마이에서 서너 시간 픽업 트럭을 타고 꼼상, 후에이봉의 산족 마을에 도착하여 전도 집회를 열었는데, 일흔을 넘긴 집사님이 진지하고 열정적으로 북을 치는 모습을 보고 많은 사람들이 감동을 받았습니다. 미얀마의 맹학교 학생들은 새빛맹인풍물선교단이 시각 장애를 무릅쓰고 최선을 다해 연주하는 모습을 보고 '우리도 저렇게 귀하게 쓰임 받을 수 있다'는 도전을 받았다고 합니다. 이 선교여행을 통해 하나님은 약한 자를 통해 일하시는 분

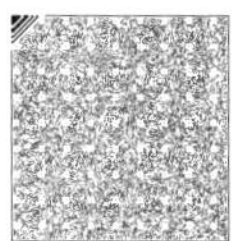

임을 다시 한 번 깨달았습니다.

새빛풍물선교단원 중 징을 담당한 한 형제는 학습과 응용 부분은 약했지만, 징은 한 동작을 반복 연습하여 연주하는 악기이기 때문에 징을 다루는 데는 무리가 없었습니다. 대만의 대동교회에서 연주할 때였습니다. 전날의 열정적인 연주 때문이었는지 풍물 연주 도중에 징이 깨어져 "픽! 픽!" 하는 이상한 소리가 나기 시작했습니다. 순간 '오늘 공연 망쳤구나' 하는 생각에 우리 단원들은 모두 당황했습니다.

이런 돌발 상황에서는 대부분 깨어진 징에서 나오는 소리가 다른 악기와 불협화음을 만들기 때문에 연주를 멈추는 것이 일반적인 상식일 것입니다. 하지만 그 형제는 조금도 개의치 않고 꿋꿋하게 징을 쳤습니다. 그 형제는 자기가 맡은 책임 때문에 끝까지 최선을 다한 것입니다. 비록 연주는 완전하지 못했지만, 그 모습은 모든 단원들을 감동시켰습니다. 그러자 꽹과리를 담당하는 형제가 꽹과리를 치면서 덩실덩실 춤을 추기 시작했습니다. 이 형제는 말이 거의 없는 소극적인 성격이었습니다. 다른 단원들은 그들의 열정에 모두 하나가 되어 평소보다 더욱 열정적으로 연주했습니다. 그 모습은 세상의 그 어떤 연주보다도 큰 은혜가 되어 공연하는 우리와 공연을 본 모든 사람들을 감동시켰습니다. 우리는 가슴 벅찬 감동으로 눈물을 흘리며 하나님께 영광을 돌렸습니다.

새빛맹인교회는 작지만 강하고 선교하는 교회가 되자는 것을 표어로 하고 있습니다. 선교는 해도 되고 안 해도 되는 것이 아니라 꼭 해야만 하는 것입니다. 하나님은 사도 바울을 택하여 부르실 때 "너는 내 이름을 이방인과 임금들과 이스라엘 자손들에게 전하기 위하여 택한 나의 그릇이라(행 9:15)"고 말씀하셨습니다.

보스턴에 BBC라는 교회가 있습니다. BBC는 Berkland Baptist Church의 약자입니다. 폴 김 목사님이 설립하여 담임하고 계신데 실질적으로 교회의 일들은 사모님인 이금하 전도사님이 이끌고 계십니다. 이금하 전도사님은 하버드대학교 교목으로 청년들을 위한 선교 사역을 하면서 특별히 미국에서 공부하고 있는 유학생들에게 집중적으로 복음을 전하고 있습니다. BBC는 지난 30여 년간 여름 선교단을 파송하여 우리 맹인교회를 방문해서 위로해 주었습니다.

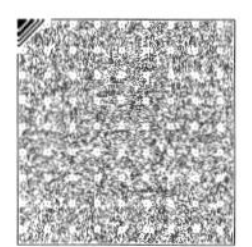

저는 해외 집회 중에 힘들고 지칠 때 보스턴의 BBC를 방문하면 오아시스를 만난 것처럼 새 영이 일어나 힘이 솟습니다. 이 교회는 우리가 점자 출판 사역을 하면서도 점자 인쇄기가 없어 사역에 어려움을 겪고 있다는 것을 알고는 오천만 원을 모아 점자 인쇄기를 후원해 주기도 했습니다. 이런 BBC와의 영적 교제를 허락해 주신 하나님께 감사드립니다.

하루는 목사님과 식사하던 중에 제가 질문을 드렸습니다.

"목사님, 선교를 귀하게 여기시며 세계 도처에 스물한 개나 되는 교회를 개척하셨고, 많은 사역자들을 키워내며 사명을 다하고 계신데, 본부나 마찬가지인 보스턴 BBC는 자기 건물이 없어서 월세를 내며 이리저리 옮겨 다니는 고생을 계속해야만 합니까? 본부 건물은 하나 세워야 되지 않겠어요?"

그때 목사님의 대답이 제게 큰 감동을 주었습니다.

"안 목사님, 우리가 세울 수 있겠지요. 그러나 건물을 가지면 거기에 부수적으로 유지비가 들 것이고 그러다 보면 언제 선교를 할 수 있겠어요? 우리는 지금 만족하고 하나님께 감사하고 있습니다."

선교의 정답이 목사님의 이 말씀에 담겨 있다고 생각합니다. 우리 교회도 도움이 필요한 작은 교회지만 하나님의 은혜로 세계 여러 지역의 선교사를 돕고 있습니다. 새빛의 기도 제목 가운데 하나는 우리도 전담 선교사를 파송하는 것입니다. 하나님께서 기뻐하시는 일인데 주저하면 안 될 것입니다. 우리뿐만 아니라 같은 제목을 가지고 용기와 믿음으로 선교하는 교회가 많이 일어나길 소망합니다.

새빛맹인교회의 선교 활동을 잘 아는 목사님 한 분은 "이런 사실이 널리 알려져서 교회들이 도전을 받았으면 좋겠습니다"라는 말씀을 전해 주셨습니다.

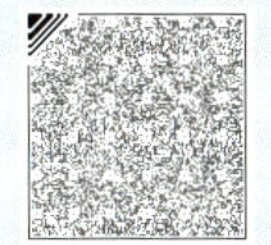

하나님만 의지하면서

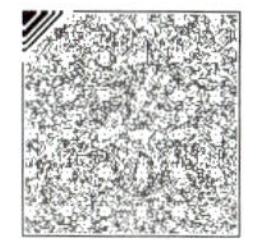

하나님, 적당히 꼼꼼하옵소서

1981년에 저의 구술을 기초로 한 장편 소설 《낮은 데로 임하소서》가 이청준李淸俊 선생님의 명문으로 출간되었습니다. 홍성사에서 '믿음의 글들' 시리즈의 첫 번째 책으로 나온 이 책은 금세 베스트셀러가 되어 1986년 4월에 49쇄를 발행했습니다.

당시에는 대기업 재벌들과 유명 인사들의 자서전이 많이 나오던 때였습니다. 1986년 4월 10일자 경향신문은 "자서전 불티, 불우 이겨 낸 전기들도 함께, 《낮은 데로 임하소서》 49판 15만부 기록"이라는 제목의 기사에서 이 책이 유명 인사들의 자서전들 틈에서 베스트셀러가 된 것은 특기할 만한 일이라고 보도했습니다.

《낮은 데로 임하소서》는 2000년에 한국 기독교 출판사 최초로 100쇄를 출간하는 기록을 세웠습니다. 당시 홍성사에서는 다음과 같은 인사말을 전했습니다.

오늘 우리에게 고전古典이 된 책

1981년 7월 16일 출간한 《낮은 데로 임하소서》가 어느덧 100쇄를 맞았습니다. 저희는 기독교 출판사상 단행본으로는 최초인 100쇄 출간을 어떻게 기념하고 자축하며 홍보할 것인지 생각이 많았습니다. 그러다가 100쇄 기념 기획 방향을 '홍보'와 '자축'이 아닌 '나눔'과 '공궤供饋'로 수정하기에 이르렀습니다. 100쇄 출간이 출판사만의 경사가 아니라, 작가와 작품의 실존 모델(안요한 목사 · 새빛맹인교회) 그리고 이 책을 사랑해 주신 독자들과 이웃들 모두의 '잔치'라는 생각에서였습니다. 그리하여 작가의 재검토를 통해 오류 없는 '원전原典'을 남기고자 정성을 기울인 '100쇄 기념판'이 나왔고, 물신숭배 시대를 살아가는 이 땅의 어린이들에게 영혼의 빛과 믿음의 향기를 나누고자 힘을 쏟은 《어린이 낮은 데로 임하소서》가 연이어 나왔습니다. 더욱이 소설의 주인공인 안요한 목사님을 비롯한 시각장애인들과 병상에 계신 분들 그리고 글을 읽을 수 없는 분들을 어떤 식으로든 공궤하고 싶었고 이렇게 해서 '읽는 책'이 아닌 '듣는 책Audiobook'이 성우의 9시간에 걸친 원작 녹음으로 완성되었습니다.

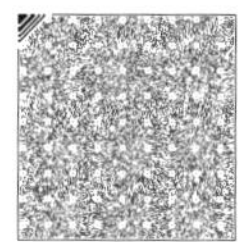

《낮은 데로 임하소서》 100쇄! 이것이 가능했던 것은 작품이 지닌 힘과 함께 작가의 말대로 맹인 안요한 목사님이 지닌 '영혼의 빛과 믿음의 향기가 지금까지도 시듦이 없이 생명력을 발하고 있기' 때문일 것입니다.

이 책의 내용이 이장호李長鎬 감독님에 의해 영화로 제작되었습니다. 영화 〈낮은 데로 임하소서〉는 1982년 제21회 대종상 시상식에서 문예 부문 작품상, 미술상, 감독상을 받았고, 윤복희 집사님이 부른 이 영화의 주제가는 특별상을 받았습니다. 그해 대종상은 마치 〈낮은 데로 임하소서〉를 위해 마련된 것 같았습니다.

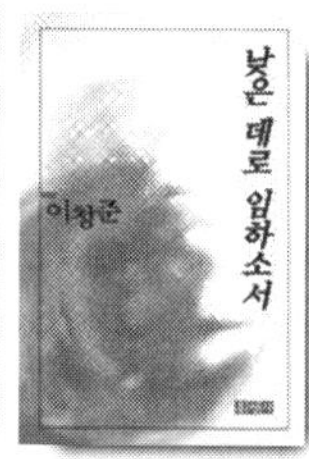

《낮은 데로 임하소서》
초판, 100쇄 기념판,
어린이판

이 영화는 제18회 백상예술대상 작품상, 신인상, 주제가상도 받았습니다.

1991년은 연극·영화의 해였는데 영화진흥공사는 문화부 후원으로 9월 2일부터 7일까지 국립중앙박물관 대강당에서 종교영화 주간 행사를 갖고 기독교, 천주교, 불교 영화 두 편씩을 상영했습니다. 기독교 영화는 〈낮은 데로 임하소서〉와 〈몬트리올 예수〉가 선정되었습니다.

이장호 감독님은 2000년 1월 23일 새빛맹인교회 창립 22주년

영화 〈낮은 데로 임하소서〉
포스터

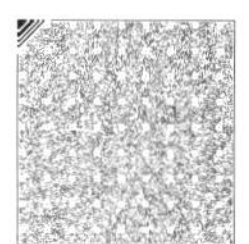

예배에 오셔서 축하 말씀을 해주신 것을 비롯하여 여러 번 우리 교회에 오셨습니다. 몇 해 전에는 하시는 말씀이, 자신은 영화감독으로서 많은 영화를 만들었고 〈낮은 데로 임하소서〉는 그 가운데 한 편에 불과할 뿐인데, 하나님을 만난 뒤 여러 교회를 방문해 보니까 많은 사람들이 이 영화를 통해 은혜를 받았다는 이야기를 듣고 있다고 합니다. 이 감독님은 세월이 많이 흘렀는데도 사람들의 가슴속에 이 영화가 새겨져 있고, 영화를 통해 많은 영혼들이 주께 돌아와 고맙다는 이야기를 접하면서 영화 〈낮은 데로 임하소서〉는 하나님께서 역사하셨고 지금도 역사하시는 작품이라는 것을 새삼스럽게 깨닫고 감사를 드리고 있다고 합니다. 이장호 감독님의 이야기를 들으면서 저도 하나님께 얼마나 감사했는지 모릅니다.

이 영화의 주인공으로 출연한 이영호 씨는 이장호 감독님의 친동생입니다. 이분도 그때 시력이 나빠지고 있었습니다. 당시 90퍼센트 정도 실명이 되었고 계속 진행 중이었습니다. 본인도 좌절감에 빠져 모든 식구들이 걱정하고 있던 터에 이 감독님이 "네가 맹인 목사 역할을 한다면 너 자신도 믿음을 회복하고 삶에 용기를 얻지 않겠느냐"면서 배역을 맡긴 것입니다. 이영호 씨는 눈이 불편한 데다가 좌절감에 빠져 있었기 때문에 실제로 넘어지고 부딪히고 눈물을 흘리면서 생생하게 살아 있는 연기를 하여 백상예술대상 신인상을 받았습니다.

놀랍게도 영화 촬영 기간 중에는 시력이 더 이상 악화되지 않았습니다. 그는 영화 제작이 끝난 후 미국에 가서 영화학을 공부했습니다. 그때 미국에서 저와 만난 일이 있습니다. 결국에는 이장호 감독님이 동생이 완전히 실명해서 좌절하고 있다는 것을 알려 주며, 동생에게 전화를 한번 해달라고 부탁했습니다. 미국에서 돌아와 소리연극단을 만들어 활동하려고 애도 쓰고, 저와 만나 사진도 찍고 좋은 시간을 가졌는데도 회복되지 못한 것 같습니다. 시력은 일단 나빠지면 회복되지 않는 특징이 있습니다. 영호 씨는 자신의 불행을 딛고 믿음을 되찾아 지금 열심히 신앙생활을 하고 있습니다. 저는 영호 씨가 하나님을 기쁘시게 하는 귀한 일꾼이 될 것으로 확신하고 있습니다.

책과 영화로 제 이야기가 많이 알려졌고 기업체와 사회단체 등에서 강연 요청을 자주 받으니, 제가 어느 정도 유명해진 것은 사

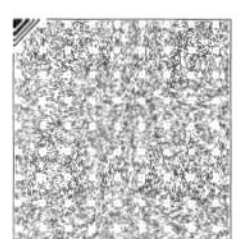

실입니다. 그러다 보니 많은 분들이 이런 생각을 하셨습니다.

"새빛맹인교회는 우리 교회가 아니라도 도와주는 교회가 많겠지."

"안 목사야 어련히 잘되겠지."

또 그동안 후원하시던 분들 가운데에도 "이제 잘되어 가시지요?" 하면서 도움을 중단하는 경우도 적지 않았습니다.

어느 교회에서는 "매스컴을 통해 많은 사람들에게 알려지게 되었으니 새빛맹인교회가 재정적으로 부요해졌으리라 생각되어 모든 것이 우리 교회보다 낫겠다는 판단에 선교후원금을 보내지 않았습니다. 그러나 소식을 통해 양로원 등 하나님의 일에 계속해서 많은 돈이 든다는 것을 알고는 당회 결정을 통해 적은 후원금을 보내드립니다"라며 후원을 재개하기도 했습니다.

장애인들 가운데 "목사님은 많이 알려졌으니까 후원이 많을 것 아닙니까? 우리를 좀 도와주십시오" 하며 찾아오는 분들도 계십니다.

이런 일도 있었습니다. 성탄절이 있는 연말연시에는 복지 시설을 방문하는 교회들이 많습니다. 어느 해 크리스마스이브 오후에

강남에 있는 한 교회의 목사님이 전화를 주셨습니다.

"우리 교회에 여선교회가 여럿 있는데 그 여선교회 연합회에서 목사님의 교회를 돕기로 해서 찾아갈 것입니다."

저는 "아, 네! 감사합니다" 하고 기다렸습니다. 연말인데도 찾아오는 교회가 없어서 직원들에게 면목이 서지 않았기 때문에 그 전화는 매우 반가웠습니다.

직원들 생각에 '목사님은 여러 교회에 다니며 집회를 인도하시는데, 어떻게 이런 날 찾아오는 교회가 한 군데도 없을까?' 하며 의아해하는 듯하여 부끄럽기도 하고 미안하기도 했습니다. 그런데 한 시간, 두 시간을 기다려도 오시겠다고 한 분들로부터 소식이 없었습니다. 크리스마스이브니까 차가 막혀서 늦어지는 것이려니 했는데, 다섯 시가 지나도 아무도 오지 않았습니다. 특별한 사정이 있거나 볼일이 있는 곳을 들러서 오느라고 늦나 보다 했는데 일곱 시가 지나도 소식이 없었습니다. 못 오는 것으로 알고 직원들에게 퇴근하라고 하고 문을 잠그려는데 전화벨이 울렸습니다. 급하게 수화기를 들었습니다.

"목사님, 아직 계시네요. 목사님, 이거 미안해서 어쩌죠?"

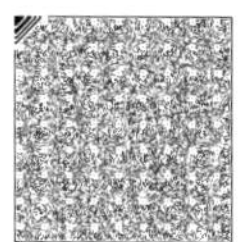

"왜요?"

"글쎄, 우리 여선교회 회원 중에 한 분이 어디서 듣고 왔는지 목사님은 유명한 분이라서 찾아가는 사람들이 줄을 설 테니까, 사람들이 잘 찾지 않는 기관을 돕는 것이 낫지 않겠느냐고 해서 거기를 다녀왔다는 거예요."

"예, 뭐 좋은 일 하셨으면 됐지요. 다 좋은 일이니까 감사합니다" 하고 전화를 끊고 나니 눈물이 핑 돌았습니다. 서운한 마음으로 직원들과 같이 기도하고 퇴근했습니다.

신경통 환자들은 뼈가 쑤시고 살이 당기는 통증에 죽을 지경이지만, 밖으로는 상처가 보이지 않습니다. "멀쩡해 보이는데 어디가 아파?" 하고 묻는 사람이라도 만나면 환장할 지경이 됩니다. 제가 그런 현상을 종종 체험합니다. 마음이 상할 때마다 하나님을 붙잡고 기도하는데 주님의 응답은 언제나 제 생각을 바꾸라는 데 있습니다. 그러면 저는 꼼짝을 하지 못합니다. 시각장애인이 되고 남의 집 대문 앞에서 구걸을 하던 생각을 하면 감사 외에 덧붙일 말이 없습니다. 하나님은 감사할 줄 아는 사람에게는 더 큰 감사를 고백하게 하는 복을 주시고, 불평하는 사람에게는 언제나 불평할 일만 주십니다. 우리 교회가 기사로 소개할 소재가 많은 곳이라고 언론에 알려져서 기자들이 "뭐 기사거리 하나 없어요?" 하면서 교회를 방문하는 일이 자주 있습니다. 교회와 재활원 등을 둘러본 기자들은 대단하다고 하면서 "이걸 어떻게 운영해요?"라고 묻습니다.

제 대답은 언제나 "나도 몰라요. 모르고 순진해서 하는 거지, 알면 못해요"입니다.

새빛맹인교회, 새빛맹인재활원, 새빛요한의 집, 새빛맹인핸드벨콰이어, 새빛맹인풍물선교단, 점자 새빛, 새빛복지재단 외에도 여러 기관을 운영해야 합니다. 섬기고 있는 시각장애인이 100여 명에 이르고 직원도 30여 명이 있지만, 우리는 1년 예산이 없습니다. 아니, 한 달 예산도 계획을 세울 수 없습니다.

가정도 한 달 예산이 있는데 그 많은 기관을 운영하며, 많은 일을 하고, 많은 시각장애인을 섬겨야 하면서 어떻게 한 달 예산도 없느냐고 하시겠지만, 사실입니다. 하루하루 살아가고 있는 실정입니다.

하나님이 주인이시기 때문에 하나님이 모두 책임져 주시지만,

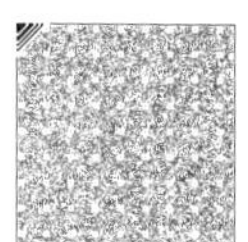

하나님의 역사는 사람을 통해 이뤄집니다. 초창기에는 집회를 마치면 문 앞에서 할머니들이 쌈짓돈을 손에 쥐어 주는 일들이 많았습니다. 그것으로 우리 식구들의 쌀을 사고 연탄을 사는 데 큰 도움이 되었습니다. 기업체 강연을 다닐 때 받는 강연비는 맹인교회와 맹인선교회의 운영비가 되었습니다.

집회를 인도할 때 그저 은혜를 사모하면서 말씀을 증거하는 가운데 어려운 이야기를 하지 않아도 우리의 이면을 생각해 주시는 성도님들이 계십니다.

'보지 못하는 저 목사가 여러 일을 하는데, 표현은 안 하지만 사실 얼마나 힘들까? 말은 안 해도 도움이 필요할 거야'라고 걱정하시는 분들이 개인적으로 찾아오셔서 자세한 내부 사정을 듣고 후원해 주시곤 합니다.

방송이나 신문에 인터뷰를 할 기회가 종종 있습니다. 오래 전, KBS의 비중 있는 프로그램인 〈11시에 만납시다〉에 나갈 기회가 있었습니다. 주위에서는 "시청률이 높은 프로니까 이 기회에 어려운 애기도 좀 하고 앞으로의 계획도 밝혀서 도움을 받을 수 있도록 강조하세요"라고 했습니다. PD로부터 공영방송에서 특정 종교를 부각시키는 말씀은 삼가 달라는 주의를 듣고는 "네, 그렇게 하지요"라고 대답했지만, 저는 제가 만난 하나님을 증거하기에 힘썼습니다. 제가 공영방송에 출연하는 자리에 오기까지 하나님의 은혜가 아니면 도저히 설명이 불가능하기에 신앙적인 이야기를 빼고는 할 말이 없습니다.

이런 이유로 저는 녹화방송보다 생방송을 좋아합니다. 녹화를 해놓으면 중요한 부분을 모두 편집해 버리고 메시지가 전달되지 않아 감동이 없습니다. 방송에 나가서 내가 만난 하나님, 나를 이 자리까지 오게 해주신 하나님을 요약해서 말하다 보면, 우리가 현재 이런 일을 하고 있고, 어렵게 헤쳐 나가고 있다는 사실을 이야기할 시간 없이 끝나고 맙니다. 방송을 마치면 "목사님, 도움을 요청할 좋은 기회를 놓치셨네요"라는 말을 듣곤 합니다.

장애인이라든가 어려운 사정이 있는 서민들의 이야기가 신문이나 방송에 나가면 후원자들도 생기고 좋은 일이 많이 연결되기도 합니다. 기자와 PD들도 그런 혜택을 잘 알고 있으니까 우리를 도우려고 인터뷰와 방송 출연 요청을 많이 해 왔습니다. 저는 그런 면에 있어서는 덕을 보지 못한 편입니다. 기사가 나가고 방송에 출

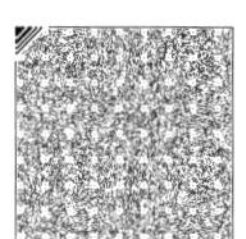

연하면 도와주겠다는 분은 극소수이고 오히려 도와달라는 분들이 더 많습니다.

때로는 좋지 않은 사람들도 만나게 됩니다. 사기를 칠 계획을 가지고 접근하거나, 누군가를 빙자해서 거짓으로 도움을 주겠다고 하고서는 괴롭힌다던가, 협박 전화를 거는 사람도 있습니다. 이런저런 다양한 일들을 겪은 후에는 복음 전파에 도움이 되는 경우를 제외하고는 매체 인터뷰를 사양하고 있습니다.

시설을 확장하거나 건물을 지을 때 예배 시간에 헌금을 요청하는 일은 한 번도 하지 않았고, 건축헌금을 한 일도 없습니다. 우리 교회의 예배는 그런 것에서 완전히 떠나 있습니다.

그러면 어떻게 선교회관을 짓고, 시각장애인 양로원 시설을 지을 수 있었는지 궁금하게 여기시는 분들이 많을 겁니다. 우리는 지출을 줄여가면서 저축을 하고, 발품을 파는 고생을 마다하지 않고 필요한 경비를 마련했습니다. 어렵게 마련한 예산이므로 한 푼이라도 더 이자를 받기 위해 은행들을 찾아다니는 과정에서 오해가 생기기도 했습니다. 그런 가운데 외국의 교회와 성도들이 멀리서 소식을 듣고 도와주는 일도 있었습니다. 선교회관 건물과 용인의 새빛요한의 집은 이런 과정을 통해 하나님이 마련해 주셨습니다. 돈이 필요할 때가 되면, 하나님은 우리가 알지 못한 교회와 성도들의 마음을 움직여서 채워 주십니다.

하루는 월말에 외출을 하지 않고 사무실을 지키고 있었습니다. 며칠 뒤 직원들에게 월급을 줘야 하는데 필요한 돈이 마련되지 않았습니다. 기도하는 마음으로 사무실을 지키고 있는데 건축업을 하시는 장로님 한 분이 들어오셨습니다.

그 장로님이 차를 타고 어딘가를 가시던 중에 우리 교회 앞에서 차가 고장이 났습니다. 평소 운행에 아무 문제 없던 좋은 차인데 말입니다. 기사가 보닛을 열고 이것저것 만지는 사이에 장로님은 차에서 내려 주위를 둘러보니 새빛맹인교회 간판이 있었습니다.

'어! 우리 교회에 와서 말씀을 전하신 안 목사님의 교회가 여기구나. 말로만 들었는데 차를 수리하는 동안 들러 봐야겠군. 혹시 계신가?' 하고 올라오신 것입니다.

그 장로님은 "목사님, 계셨군요. 죄송합니다. 오늘은 제가 준비가 안 되어서 가진 것이 이것밖에 없습니다. 드리고 가겠습니다. 하나님이 자꾸 여기에 내놓으라고 하시네요. 보탬이 되길 바랍니

다” 하시고 마침 그때 꼭 필요한 액수를 놓고 가셨습니다. 그 장로님의 헌금으로 직원들의 월급도 줄 수 있었고 월말의 경상비도 충당할 수 있었습니다.

이런 일을 자주 체험하니까 직원들은 “하나님, 적당히 꼼꼼하옵소서”라고 하면서 “새빛맹인교회는 징검다리 축복교회입니다”라고 말합니다. 냇물에 징검다리를 놓아서 잘 건너갈 수 있게 한 것처럼 하나님이 한 달 한 달 채워 주시는 교회라는 뜻입니다.

남편은 의사이고 부인은 약사인 부부가 있었습니다. 시어머니는 미국에서 살고 계십니다. 이 시어머니께서 제가 미국에 건너가 인도한 집회에 참석하여 은혜를 받았습니다. 마침 한국에 온 김에 며느리에게 달러를 주면서 한화로 환전하여 같이 새빛맹인교회에 가자고 했습니다. 새빛맹인교회에 대해 아는 것이 없었던 며느리는 못마땅하게 여기면서 은행에 가서 환전을 했는데, 그 돈에 얼마를 더 보태면 백만 원 단위가 되지만 며느리는 환전한 돈만 봉투에 넣었습니다. 이 며느리가 비가 오는 날 시어머니를 모시고 교회에 찾아왔는데 시어머니가 적어 준 전화번호가 틀려서 114의 안내를 받아 전화번호를 다시 확인하고 위치를 물어서 새빛맹인교회에 찾아

오느라고 짜증이 났습니다.

그때 우리 교회는 선교회관을 짓느라고 다른 건물 지하층에 세 들어 있을 때였습니다. 여기저기 짐들이 쌓여 있는 틈에서 손님을 맞이하고 있는 제 모습을 보고 며느리는 안 되겠다 싶어 얼른 돌아 앉아 지갑에서 돈을 꺼내 백만 원 단위로 맞춰놓았습니다. 그분은 그때 제가 앞을 보지 못하는 것이 자기에게 그렇게 다행스러울 수가 없었다고 합니다.

그 다음 주일에 그 부인은 새빛맹인교회 예배에 참석했는데 주체하지 못할 정도로 눈물을 흘리며 큰 은혜를 받았다고 합니다. 이 일이 계기가 되어 이 내외분은 20여 년간 변함없이 교회에 오셔서 의료선교를 담당해 주고 계십니다.

살아계신 하나님만이 힘의 근원이십니다. "너희는 먼저 그의 나라와 그의 의를 구하라. 그리하면 이 모든 것을 너희에게 더하시리라(마 6:33)"고 하신 말씀을 믿고 따르는 자에게 필요한 모든 것을 주십니다. 하나님은 최상보다도 최선의 믿음을 사랑하시고 복을 주십니다. 우리가 100이 필요할 때 하나님이 "100을 가져라" 하고 주시면 좋겠지만, 제가 아는 하나님은 100을 안 주시고 80정도만

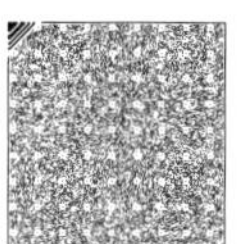

주시는 것 같습니다. 그러면 모자라는 것 때문에 더 기도를 하고 큰 믿음을 갖게 됩니다. 지나고 보면 결국 100이 채워져 있는 것을 볼 수 있습니다. 부족한 것이 우리에게 복이 되는 것입니다. 그것 때문에 기도하게 되고, 우리 믿음이 성숙하게 되어, 좋으신 하나님을 만나게 됩니다.

어느 날, 뉴질랜드 대사로 계시던 문봉주 장로님 내외분이 우리 사무실을 찾아오셔서 헌금을 하고 가셨습니다. 저는 문 장로님이 어떻게 오셨는지 알지 못했는데 누군가 문 장로님이 집필한 《새벽형 크리스천》을 읽고 말해 주어서 비로소 알게 되었습니다. 그 이야기가 담긴 《새벽형 크리스천》의 내용을 그대로 소개해 드립니다.

하루는 새벽 기도를 하는데 주님이 내게 음성을 들려 주셨다. 내가 저축해 놓은 돈을 필요한 데 나누라는 말씀이었다. 다른 것은 몰라도 그것만큼은 곧바로 순종할 수 없었다. 앞에서도 언뜻언뜻 속내를 비쳤지만, 나는 많은 역경을 딛고 살아왔다. 유년 시절 지독하게 가난하고 힘들었다. 그야말로 주님이 지켜 주지 않으셨다면 오늘의 문봉주가 이렇게 살 수는 없었을 것이다. 아내의 돈을 빌어서 약혼반지를 샀을 때 자녀들에게만은 물질의 어려움을 겪게 하지 않겠다고 다짐했다. 그래서 많이도 아니고 형편껏 큰딸 시집보낼 밑천으로 얼마쯤 모아 놓은 것인데, 아내와도 상의해야 할 것이고……. 짧은 순간 많은 생각이 오갔다. 선뜻 "예"가 나오지 않았다.

그날은 그렇게 어물어물하다가 기도가 끝나고 말았다. 그 다음날도 똑같은 음성이 들려오는데 심장이 멎는 듯한 고통이 따라왔다. 기도가 되지 않았다. 영적 호흡이 막히니까 아무것도 할 수 없었다. 결국 나는 며칠 뒤 하나님께 필요한 곳을 알려 주시면 저축한 것을 드리겠노라고 기도했다. 그때 하나님은 안요한 목사님의 맹인교회와 한동대학교에 헌금하라는 응답을 주셨다.

그날 새벽 기도가 끝나고 아내에게 자초지종을 털어놓았다. 하나님의 명령이니까 순종해야 한다고 말했다. 아내는 의외로 완강했다. 자신의 목숨보다도 더 소중한 자식들의 결혼을 위해 준비해 놓은 돈이니 다른 용도로 쓸 수 없다는 것이다. 나는 그때 이 시험이 아내의 믿음을 위해 기도하라는 하나님의 뜻임을 깨달았다. 아내가 끝까지 거부한다면, 나 혼자서 헌금해 버리면 그만인 일이었다. 그러고 나서 하나님의 명령에

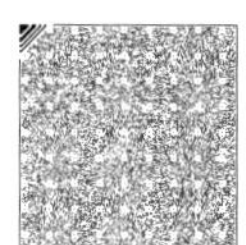

순종했다고 '할렐루야 아멘!' 하면서 손을 털어 버릴 수도 있었다. 그러나 그 결과는 내가 아내를 영원히 하나님 말씀에 불순종한 사람으로 만드는 것밖에는 얻는 것이 없다.

나는 아내와 함께 하나님의 명령을 따르고 싶었다. 우리 부부가 함께 하나님께 구원받고 싶었다. 다음날부터 아내에게 순종할 수 있는 마음을 달라고 기도했다. 그리고 새벽 기도에서 돌아와 아내에게 오늘은 하나님께 순종할 마음이 드는지 물어보기를 반복했다. 결국 3주 정도 흘렀을 때 아내는 하나님께 손을 들었다.

마침 공관장 회의가 있어서 일시 귀국하게 되었다. 한국에 도착한 다음날 아내와 나는 안요한 목사님을 찾아가기로 일정을 잡았다. 그 전날 저녁 아내가 불쑥 말을 꺼냈다.

"그래도 한 번 더 생각해 봅시다!"

아내는 그 순간에도 마음이 흔들렸던 것이다. 그날은 군복무 중인 아들과 저녁 약속을 한 날이었다. 일단 저녁을 먹고 나서 이야기를 다시 하기로 했다. 그런데 약속 시간이 한참 지나도 아들이 나타나지 않았다. 외출이 취소됐나, 사고가 생겼나 하고 조바심을 내고 있는데 아들 녀석이 나타났다. 그런데 몰골이 말이 아니었다. 안경도 쓰지 않고 한

쪽 눈이 시퍼렇게 멍들어 있는 게 아닌가!

"오늘 야구 시합을 했는데, 야구공에 맞았어. 안경도 박살났고……. 병원에서는 실명 안 된 게 다행이라는데……."

그 이야기를 듣는데 아내는 "아이고, 하나님……"을 찾았다. 다음날 헌금을 하기로 한 곳이 맹인교회가 아닌가! 하나님의 경고가 어찌나 무서웠던지 아내와 나는 부리나케 맹인교회로 달려갔다.

하나님의 음성이 들리면 좋은 줄 알지만 반드시 그렇지만은 않다. 굉장히 두렵고 떨린다. 주님이 내 삶 가운데 온갖 것을 간섭하기 시작하시면 감당하기가 꽤 벅차다. 너 이거 하지 마라, 너 거룩해져라, 너 좋아하던 그것 끊어 버려라, 주님은 그렇게 요구하신다. 그러니까 내가 하고 싶은 것도 그만둬야 하고 전에는 생각지도 못한 것을 나도 모르게 하게 된다. 내가 성령님의 인도하심을 받지 않았다면 적은 것이지만 모든 저축을 주님께 바칠 수 있었겠는가.

《새벽형 크리스천》(문봉주 저, 두란노) 160~162쪽

문봉주 장로님은 한동대학교는 잘 알고 있었지만, 안요한 목사가 무슨 일을 하는 어떤 사람인지는 알지 못했다고 합니다.

 문 장로님은 횃불트리니티신학대학원에서 신학석사 학위를 받
으시고, 2009년 6월에 34년간 봉직했던 외교통상부를 퇴직한 후,
그해 10월에 목사 안수를 받고 현재 온누리교회 부교역자로 시무
중이며 조만간 일본 선교에 헌신할 예정입니다.

'왜?'에서 '비록'으로

우리는 "왜?"라는 말을 많이 합니다. "이래서 왜?", "저래서 왜?", "왜 이 모양입니까?", "왜 발전이 없습니까?", "왜 이렇게 일이 안 풀립니까?", "내 생활은 왜 이렇게 힘이 듭니까?", "왜 그래야만 하는 겁니까?"

믿음의 사람들이 걸어가는 극적인 드라마라고 할 수 있는 하박국서는 "왜?"로 시작합니다. "왜 악인들은 더 잘 되냐?", "왜 선택받은 이스라엘 민족은 어려움을 당하고, 핍박을 받고, 포로가 되어 잡혀가나?", "하나님은 불러 주셨으면 환한 빛을 비추어 주셔야지, 왜 이렇게 어두운 생활이 계속 되냐?"

우리가 '왜?'라는 질문을 하고 있을 때는 결코 응답이 없습니다. 아무런 대답도, 결론도 얻지 못하고 오히려 피곤해지고 혈압이 높아지며 성질마저 나빠집니다.

‘왜?’라는 질문 대신 겸손하게 무릎 꿇고 순종하며 묵묵히 하나님의 뜻을 기다릴 때 하나님의 응답이 임합니다. 하나님은 “비록 더딜지라도 기다리라. 지체되지 않고 반드시 응하리라(합 2:3)”고 하셨습니다.

예수님께서도 여러 가지 어려움이 있을 때마다 무릎을 꿇고 기도했습니다. 예수님은 “내 사랑하는 아들이요 내 기뻐하는 자라”는 응답을 받고 하나님의 나라를 확대해 가셨습니다. 우리는 ‘왜?’라는 질문 대신 무릎 꿇고 겸손하게 기도할 때 응답하시는 하나님임을 알아야 합니다.

생각을 바꾸면 하나님께서 평화와 위로의 응답을 주십니다. 찬양대에서 종종 “우리의 기도를 들어주시고, 오늘 머리 숙인 우리에게 주님의 평화를 내려 주옵소서”라는 찬양을 부릅니다. 그러나 평화는 눈에 보이지도 손에 잡히지도 않습니다. 사람들이 좋아하는 복을 받고, 자녀들이 좋은 학교와 취직시험에 합격하고, 직장에서 승진하고, 사업이 잘 되고, 건강하고, 질병이 치료되는 등의 것들을 달라고 해야지, 왜 평화를 달라고 하는 것일까요? 그 이유는 평화에 모든 것이 다 포함돼 있기 때문입니다.

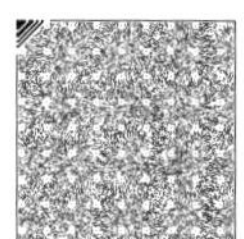

주님의 평화에는 모든 능력이 다 그 안에 있고 이 세상의 슬픔, 외로움을 이길 힘도, '왜?'라는 질문의 해답도 그 안에 있습니다. 평화는 그만큼 크고 위대합니다. 주님도 이 평화의 선물을 받은 후 십자가를 향해 나아가셨습니다.

넥타이에 빨간 잉크가 한 방울 떨어지면 그 빨간색은 눈에 잘 들어옵니다. 그러나 세수 대야에 물을 채우고 빨간 잉크 한 방울을 떨어뜨리고 흔들면 그 잉크는 어느 구석에 있는지 보이지 않습니다. 주님 안에 거하는 사람에게 두려움이 변하여 기도하게 하고, 한숨이 변하여 찬송이 흘러나오게 하는 것이 평화의 능력입니다. 겸손하게 무릎 꿇는 자에게는 하나님이 평화의 선물을 주시고 뜻을 이루어 가십니다.

하박국은 3장에서 "그래, 악인들은 너희들의 방법대로 살아라. 나는 하나님의 방법대로 살겠다"고 하며, "비록 무화과나무가 무성하지 못하고, 포도나무에는 열매가 없고, 감람나무에 소출이 없고, 밭에 식물이 없고, 우리에 양이 없고, 외양간에 소가 없고, 가진 것 하나 없어도 나는 여호와 하나님 때문에 즐거워하고, 나의 구원의 하나님으로 인해 기뻐한다. 힘의 근원인 하나님을 깨달았다”고 했습니다.

하박국은 “주 여호와는 나의 힘이시라. 나의 발을 사슴과 같게 하사 나를 나의 높은 곳으로 다니게 하시리로다(합 3:19)”라고 했습니다.

사슴은 다리가 가늘고 힘이 하나도 없어 보입니다. 그러나 사슴이 위기를 만나면 그 가냘픈 다리에 무한한 힘이 생겨 바위와 높은 언덕을 껑충껑충 뛰어 산으로 올라갑니다. 반대로 황소를 생각해 봅니다. 소는 덩치가 크고, 무시무시한 뿔이 있고, 힘이 셉니다. 그러나 어려움을 당하면 달리기는 하는데 무조건 앞으로만 가려고 합니다. 바위도 들이받으면서 앞으로 나가다가 제 풀에 지쳐 쓰러지고 맙니다.

사슴은 왜 자꾸 산꼭대기로 올라갑니까? 만일 중턱에 서 있으면 위에서부터 오는 적은 알 수가 없을뿐더러 동서남북이 구분되지 않습니다. 그저 밑에서 오는 적만 볼 수 있습니다. 지혜로운 사슴은 산꼭대기에 올라가서 모든 환경을 살피며 내려다봅니다.

우리가 하나님의 뜻을 깨닫고 평화의 선물을 받을 때, 어떤 고난과 슬픔이 와도 높은 산에 서 있는 사슴처럼 아래를 내려다보며 세

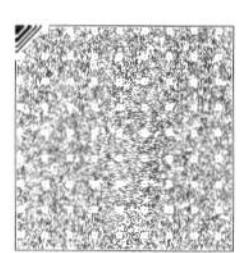

상에 동조하지 않고, 하나님의 힘만 의지하며 살 수 있습니다.

저는 매일 하박국서를 묵상하며 삽니다.

아침에 일어나면 '왜?'로부터 시작합니다. 서른일곱 해를 앞을 보며 생활했기 때문에 지금도 보는 줄 알고, 벌떡 일어나 화장실로 빠른 걸음으로 가다가 어딘가에 쾅 부딪힙니다. 눈앞에서 불이 번쩍하면서 "아차, 내가 시각장애인이지" 하고 주제 파악을 하게 됩니다.

선교 현장에서도 마찬가지입니다. 십자가가 무거운 것이 아니고, 내 믿음이 약한 것입니다. 생각을 바꾸면 십자가는 가벼워집니다. 저도 생각을 바꾸었습니다.

하나님은 "너 생각을 바꿔 봐라. 시각장애인이 되었을 때 남의 대문 앞에 쪼그리고 앉아 있었지? 그때는 옷도 넥타이도 아무것도 없었잖아. 눈물 뚝뚝 흘리면서 뭐라고 기도했니? 밖에 나가면 사람들이 재수 없다고 놀리고 소금까지 뿌리고 그랬던 것 기억나니? 장님, 장님이라고 구박하면서 말야. 지금은 어떤지 돌아보렴. 네가 교회에 집회를 인도하러 가면 장님 목사가 왔으니 소금 뿌리라고 하는 사람이 있더냐? 넥타이를 매고 양복을 입고 차를 타고 다니는 지금 모습으로 과거를 돌아보렴. 나는 앞으로도 늘 너와 함께 있을 것이다.”

저는 “오, 하나님. 믿음이 적은 저를 용서해 주옵소서. 하나님이 안 주신 것이 아니라 제 믿음이 적었나이다. 하나님이 문제가 아니라 제 믿음이 문제입니다. 저의 약한 마음과 믿음 생활은 언제나 저 때문입니다”라는 고백을 올리지 않을 수 없습니다.

때로는 인내할 수 없는 일에 부딪힐 때 견디기가 어려워 “내가 왜 이런 일을 겪어야 하나? 더구나 만년에 이럴 수가……. 하나님, 하나님이 예정하신 보상이 이것입니까?” 하며 원망하기도 했습니다.

그럴 때마다 예수님도 참으셨고 당하신 일들을 생각해 봅니다. 죄가 없으신 예수님이 이 땅에 오셔서 나 같은 죄인 때문에 억울한 모욕과 십자가의 고통과 채찍과 피를 흘리신 그 모습을 먼저 묵상하고 제 소소한 고통을 견주어 봅니다. 아내도 “예수님만 바라보세요”라고 위로해 주곤 합니다.

수많은 어려운 일들을 통해 저는 깨달았습니다. 교회와 가정 공동체에는 문제가 항상 있을 수 있습니다. 문제를 문제 삼으면 문제

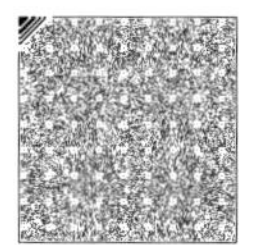

가 되지만, 우리가 그리스도의 사랑 안에서 문제를 문제 삼지 않으면 문제가 되지 않습니다.

또 어떤 일의 한 부분만 보면 오해가 생기고 시험이 되지만, 전체를 보면 "이것이 우리를 향한 하나님의 연단이구나" 하는 것과 시험을 피하지 않고 믿음으로 이겨 나가야 함을 깨닫게 됩니다. 제일 큰 깨달음은 큰 시험이 내게 손해가 되는 일이 아니라 오히려 하나님의 연단을 통해 더욱 크게 쓰시려는 하나의 용광로라는 인식이었습니다.

세례 요한처럼 그리스도만 흥한다면 제 인생은 쇠하여도 상관없다는 것이 저의 신앙고백입니다.

그러나 내게는 우리 주 예수 그리스도의 십자가 외에 결코 자랑할 것이 없으니 그리스도로 말미암아 세상이 나를 대하여 십자가에 못 박히고 내가 또한 세상을 대하여 그러하니라 (갈 6:14)

내가 내 몸에 예수의 흔적을 지니고 있노라 (갈 6:17)

살든지 죽든지 내 몸에서 그리스도가 존귀하게 되게 하려 하나니(빌 1:20)

바울의 이 위대한 고백은 제게 늘 새 힘을 줍니다. 부족하기 그지없지만, 하나님의 은혜가 아니면 한 걸음도 움직일 수 없는 저는 바울의 고백을 닮고자 기도하고 있습니다. 바울의 이 고백에 대해 하나님은, 독사에 물려도 죽지 않게 하시고, 태풍 속에서도 건져 주시고, 로마로 가는 길을 열어 주시는 등 그가 선교 사역을 감당할 수 있도록 인도해 주셨습니다.

저는 어떤 상황에서도 사슴의 발이 되는 삶을 살기를 소원합니다. 사슴의 발이 되어 밑을 내려다보면서 하나님의 방법대로 살기로 결심했습니다.

왜 하나님께서 많은 동물 중에 사슴의 발을 말씀하셨을까요? 하나님은 때로 자연을 통해 자신의 뜻을 드러내곤 하십니다. 사슴의 발! 하나님이 부르시는 그날까지 저는 이 세상 땅끝까지 사슴의 발로 서서 역경을 뛰어넘고 올라가 세상에 구원의 빛을 전하는 사명을 감당하고자 합니다.

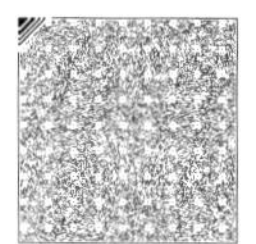

보고 싶은 것은 많지만

어느 기업체에 강연을 갔을 때, "목사님, 만일 목사님이 일 분만 다시 볼 수 있다면, 무얼 가장 보고 싶으세요?"라는 질문을 받은 일이 있습니다. 저는 파란 하늘을 보고 싶다고 했습니다.

앞을 볼 수 없게 된 후 제겐 공간개념이 없어졌습니다. 두세 평의 공간이 얼마나 좁은지, 넓은 평수의 공간이 상대적으로 얼마나 넓은지 알지 못합니다. 그래서 더욱 탁 트인 하늘을 보고 싶습니다. 시골에서 학교를 다니며 친구들과 잔디밭에서 뒹굴며 꿈과 낭만에 젖곤 했던 저는 하늘을 다시 보면 기뻐서 목이 터져라 소리를 지를 것만 같습니다. 밤하늘에 뜬 둥근 달만 바라보아도 가슴이 시원해질 것입니다. 그리고 하늘에 반짝이는 별을 세고 싶습니다.

"별 하나, 나 하나, 별 둘, 나 둘……."

동심으로 돌아가 그렇게 다시 별을 세어 볼 수 있다면 그 무엇도 부럽지 않을 것입니다.

한번은 MBC 라디오 〈별이 빛나는 밤에〉라는 인기 프로그램의 진행자가 제게 전화를 했습니다.

"목사님 별밤지기입니다. 우리 별밤 가족들에게 좋은 말씀 좀 해주십시오."

저는 "전화 잘못 거셨습니다. 저는 별볼 일이 없는 사람입니다"라고 했습니다.

밤하늘의 반짝이는 별을 셀 수만 있다면, 긴 꼬리를 그리며 내려오는 별똥별을 볼 수만 있다면 얼마나 좋을까요?

매일 남을 붙잡고 따라다니면서 이것저것 부탁해야 하는 처지에서 벗어나 혼자 걷고 뛸 수 있다면 얼마나 좋을까요? 주일에 제가 핸들을 잡고 아내에게 "교회 갑시다"라고 할 수 있다면, 사람을 마음대로 만나고, 가고 싶은 데를 선택해서 가고, 돌아오고 싶을 때 마음대로 돌아올 수 있다면 얼마나 좋을까요?

저는 책이 많았지만, 실명한 후로는 손쉽게 책을 읽을 수가 없습니다. 기독교서점에 가면 손으로 책들을 훑고 다니면서 "다 봤다. 다 봤다"라고 할 수밖에 없는 처지입니다. 책을 마음대로 읽고 사색에 잠길 수 있다면 얼마나 좋을까요? 가을에 빨갛게 물들어 가

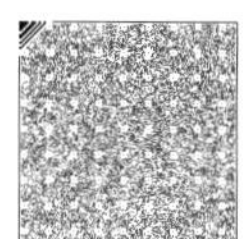

는 단풍 잎사귀, 봄에 하얗게 번지는 벚꽃 무리들을 볼 수 있다면 얼마나 좋을까요?

급히 내려오라는 아버지의 전보를 받고, 아버지가 목회하시던 영월로 갈 때 철로 옆에서 나를 향해 한들한들 고개를 숙이면서 '아버지가 뭐라고 하시더라도 순종하세요' 하던 그 코스모스를 다시 볼 수 있다면…….

저는 예수광 다음으로 야구광이라고 할 만큼 야구를 좋아하여 야구장에 종종 갑니다. 몇 해 전에 LG 관계자들의 도움으로 재활원 식구들과 LG 트윈스의 야구 경기를 응원하러 간 일이 있습니다. 재활원 식구들은 설렘과 기대로 전날 저녁에 잠을 제대로 자지 못할 정도로 들떴습니다. 라디오 중계를 들으면서 현장의 열기를 만끽하는 가운데 열심히 응원했습니다. 우리의 응원 덕분인지 그날 LG 트윈스가 5대2로 이겼습니다. 그 뒤에도 LG가 경기할 때 몇 번 야구장에 갔는데 우리가 가서 응원하는 날에는 LG가 꼭 승리한다는 이야기를 들었습니다. 야구장에서 응원하며 잠시 상상에 빠져 보았습니다.

'아, 내가 직접 그라운드에서 타석에 들어가 배팅을 하고 출루하

여 득점할 수 있다면…….'

그러나 곧 생각을 바꿨습니다. 현실에 자족하면 부족한 것이 없기 때문에 지금 주어진 현실에 만족하기로 말입니다.

재활원의 차를 운전하는 집사님이 하루는 "목사님, 장애인수첩 하나 만드세요. 그러면 주차장도 이용하기 쉽고, 몇 가지 혜택도 있어서 여러모로 편리합니다. 목사님, 바쁘시더라도 꼭 동사무소에 가셔서 장애인수첩을 만들어 달라고 하세요"라고 했습니다.

동사무소에 갔더니, 지정 병원에 가서 시각장애인 증명서를 발부받아 오라고 하기에 병원에 갔습니다. 병원에서 만난 안과 의사 선생님은 저를 잘 알고 있었던 것 같습니다. 앉으라고 한 후 자세히 살펴보고는 말했습니다.

"목사님, 안 보이시지요?"

"안 보이니까 왔지요."

"그래요? 꼭 보실 분 같은데, 안 보일 이유가 없는 것 같은데요."

그러더니 다른 의사 선생님을 불러 제 눈을 한번 진찰해 보라고

했습니다. 그분도 똑같은 말을 하는 것이었습니다. 바쁘니까 시각 장애인 증명서를 서둘러 발급해 달라고 했더니, 좀 기다려야겠다고 하면서 저를 특별진찰실로 데리고 가서 눈에 약도 넣고, 동공 확대도 하며 여러 검사를 하더니, 정말 안 보이냐고, 참 이해할 수 없다고 했습니다.

"여러 병원에 다니셨지요?"

"많이 다녔죠."

"뭐라고 그러던가요?"

"여러 가지 병명을 이야기하는데 하나 기억나는 것은 UK라고 쓰더군요. UK는 'Unknown', 원인 불명이라는 뜻이겠지요?"

"그렇지요. 참 이해가 안 되네요."

"그래서 제가 '선생님, 제가 알고 있는 제 병명을 가르쳐 드릴까요?'라고 했지요."

"목사님이 병명을 아세요?"

"네, 다른 사람은 몰라도 저는 알지요."

"뭔데요?"

"OGK입니다."

“OGK? 그런 안질명眼疾名은 없는데요.”

저는 웃으면서 말했습니다.

“제가 가르쳐 드릴 게요. OGK는 ‘Only God Knows’, 하나님만 아는 병이에요.”

의사 선생님은 손뼉을 치면서 크게 웃더니, “맞아요, 맞아. 그렇지요. 목사님 잘 아시네요. 과연 목사님이시네. OGK! OGK!”라고 했습니다.

뉴욕에서도 안과 병원에 가본 일이 있습니다. 그 병원에서도 이상하다고 하면서 “이 사람은 완전 시각장애인인데 Legal Blind(법적인 시각장애인)입니다”라고 적힌 3년 유효기간의 카드를 발급해 주었습니다.

독일에서 집회할 때 의사들이 제 얘기를 듣고 “정확하게 진단을 해봐야 알겠지만, 저렇게 시신경이 다 살아 있는 분이라면 볼 수 있는 확률이 80퍼센트 이상이지 않을까?”라고 했습니다. 이 이야기가 퍼져 나가자 독일에 있는 분들이 수술 비용을 마련해 주자는 의견이 모아지기도 했습니다.

볼 수 있다는 말을 처음 들었을 때는 만감이 교차했습니다. 그런

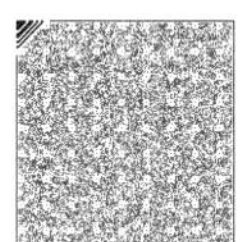

데 막상 수술 이야기가 나오자 수술에 대한 거부감이 생겼습니다. 다시 보고 싶은 마음이 조금도 생기지 않았습니다. 하나님이 시력을 회복하고자 하는 제 마음을 닫으신 것입니다. 제게서 빛을 가져가신 하나님이, 제가 앞을 볼 필요가 있다면 당신의 때에 제 눈을 다시 열어 주시고, 건강한 눈으로 목회할 수 있도록 해주실 것이라고 믿습니다.

싱가포르에 갔을 때 중국인 한의사 한 분이 자신이 지어 주는 약을 한 첩만 먹으면 앞을 볼 수 있다고 하면서 약을 건네주었습니다. 서울에 가져오기는 했지만 그 약을 다려먹고 싶은 마음이 전혀 들지 않아 쓰레기통에 넣었습니다.

우리의 마음을 주장하는 이가 하나님이시니, 하나님께서 주시는 마음으로 살고 싶습니다. 저는 하나님이 주시는 마음으로 살면서 지금까지 손해 본 것이 없습니다. 하나님의 방법으로 살 때, 막힌 길도 열어 주시고 길이 없으면 길을 만들어 주시고 또 사람을 통해 사랑의 손길을 보내 주십니다. 필요할 때 천사도 보내 주시는 것을 많이 체험했습니다.

워싱턴 DC 지역에서 집회를 하고 있을 때였습니다. 《다이제스트》라는 잡지에 이런 기사가 났습니다. 한 시각장애인이 워싱턴 DC 교외의 길을 걷고 있을 때, 갑자기 번개와 천둥이 요란하게 쳤다고 합니다. 번개는 그 사람이 지나가던 길 옆의 고목나무를 쳐서 고목나무가 두 동강으로 부러졌는데, 부러진 가지가 곁을 지나가던 그 시각장애인의 뒤통수를 쳤습니다. 그 충격에 그는 너무 놀라 눈을 떴다는 것입니다. 실제로 그렇게 해서 눈 뜬 분이 있다는 이야기도 있습니다.

미아리 시절, 직원 가운데 시각장애인이 계셨는데, 어느 날 그분이 당직을 서게 되었습니다. 그날 저는 지방에서 집회를 마치고 올라와 사무실에 별일 없는지 궁금하여 전화를 했는데 아무도 받지 않았습니다. 좋지 않은 예감이 들어 '무슨 일이 있나?' 급한 마음에 달려가 보니 교회 앞에 많은 사람들이 모여 있었습니다.

그때 한 빌딩의 2층과 3층을 임대해서 사용하고 있던 우리 사무실에 불이 난 것입니다. 동네 사람들이 모여 와글와글 떠들고, 소방차가 오고 난리가 났습니다. 당직 중이던 시각장애인이 추워서 석유난로를 피웠는데, 당시 석유난로는 성냥개비에 불을 붙인 다음 난로 몸체를 조금 들어 심지에 불을 붙이고 한 바퀴 빙 돌리면

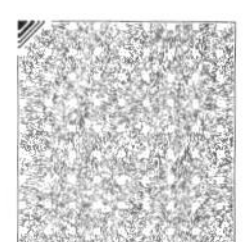

불이 심지에 골고루 퍼지는 방식이었습니다. 이분은 앞을 못 보니 옆에 인화물질이 있는 것을 모르고 성냥개비를 잘못 놓아 인화물질에 불이 붙어 화재가 발생한 것입니다. 다행히 다치지 않고 무사히 빠져나올 수 있었지만 얼마나 놀랐는지 짐작하고도 남을 것입니다.

제가 그분을 찾았더니, "목사님 저 여기 있어요" 하며 달려와 제 앞에 엎드려서는 어쩔 줄을 몰라 했습니다.

"목사님, 제가 잘못했어요. 용서하세요. 제가 잘못했어요."

저는 그 집사님의 손을 잡으며 위로했습니다.

"집사님, 미국의 한 시각장애인은 고목나무에 뒤통수를 맞고 놀라 눈을 떴다는데, 아니 그렇게 크게 놀라고도 눈도 못 뜨신 것을 보니 집사님은 앞으로 눈 뜰 생각하지 말라고 이런 일이 생긴 것 같습니다."

CNN의 헤드라인 뉴스에서 들은 이야기입니다. 오하이오 주에 피어리어라는 물리치료사는 십 년 전에 감전 사고로 앞을 못 보게 됐다고 합니다. 그 후 십 년 동안 시각장애인으로 살았는데, 어느 날 두 눈의 통증이 심하더니 앞이 서서히 보이기 시작했다고 합니다. 너무나 놀라서 정말 자신이 보고 있는 건지 확인하고 싶은 마음에 아파트 밖으로 나와 보니 교회가 보였습니다. 예배실 안으로 들어가 강대상에 펼쳐져 있던 성경을 읽었다는, 놀라운 내용의 기사였습니다.

저를 향한 특별한 계획으로 빛을 가져가신 하나님은 필요한 때에 새로운 빛을 주시리라 믿습니다. 제가 사는 동안 다시 못 본다면 천국에 가서 보는 것으로 충분합니다. 좀 불편하고 답답하더라도 참고 인내하며 하나님의 때를 기다리며 살고 있습니다.

지금도 어려움이 적지 않지만 순간순간 생각을 바꾸어 감사하고, 하나님의 사랑을 체험하고 있습니다. 하나님의 방법으로 사는 것이 저는 가장 편하고 기쁩니다.

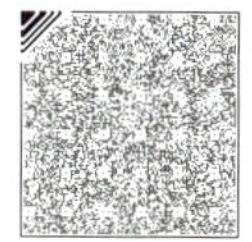

새빛 30년 사랑의 콘서트,
"그는 나를 만졌네."

2004년 10월 사회복지법인 새빛복지재단의 설립 인가를 받았고, 이듬해 4월 새빛맹인재활원이 서울시 인가 시설로 등록되었습니다. 정부에서 보조금이 나오는 시설이 된 것입니다. 하지만 그것만으로는 운영하기가 어려워 정부와 선교회가 같이 운영하고 있는 실정입니다.

장애인 시설 중에는 여유가 없고 따뜻한 느낌이 없는 곳이 종종 있습니다. 그런 이유로 선입감 때문에 장애인들이 시설에 들어오기를 꺼리는 경우가 있습니다. 우리는 새빛맹인재활원을 운영하면서 열악한 장애인 시설에서 풍기는 느낌을 주지 않으려고 애쓰고 있습니다. 여느 시설과 달리 가정식으로 식사를 제공하고 있고 여러모로 가족 같은 분위기를 형성하려고 애쓰고 있습니다.

그런 노력의 결과로 장애인 식구들이 서로 이해하고 도우며 가정에서 지내는 모습으로 생활하고 있고, 신앙 훈련에도 적극 참여

하고 있습니다.

항상 기쁨이 충만하고 감사가 넘치는 분위기여서 누군가 방문하여 "여기가 어딥니까?"라고 물으면 식구들은 "여기는 새빛이라는 천국입니다"라고 대답하곤 합니다.

"누구 때문에 그렇게 즐겁습니까?"라고 물으면 "제가 만난 예수님 때문입니다"라고 대답하는 사랑의 공동체로 함께하고 있습니다.

우리 새빛에는 "나는 시력을 잃었지만, 나의 비전을 잃지 않았습니다(I lost my sight, but not my vision)"라는 표어가 있습니다. 이 표어대로 시각장애인도 하나님의 사랑 안에서 즐겁게 살 수 있고 사회를 위해 이바지할 수 있다는 비전을 심어 주고자 애쓰고 있습니다.

2008년 8월 21일 서초구민회관에서 열린
새빛맹인선교회 30년 사랑의 콘서트

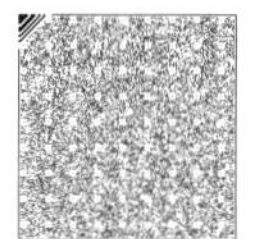

지금 방배동에 맹인교회가 있고 용인에 있는 새빛요한의 집에도 맹인교회가 있습니다. 서울과 마찬가지로 용인에서도 교회를 통해 식구들의 영혼 구원을 위해 사역하고 있습니다.

시 행정 담당자로부로부터 복지 시설로 허가해 준 것이며 교회가 아니기 때문에 특정 종교를 강요하지 말라는 이야기를 들었습니다. 우리 법인의 정관에는 "기독교 정신에 입각한"이라는 말이 명시되어 있습니다. 이 정관을 토대로 허가를 받은 것이기에 저는 교회를 짓고 예배드리는 것을 당연한 것으로 여기고 있습니다.

법인을 설립하면서 강당을 예배실로 활용하기로 했습니다. 그 공간을 원래 목적대로 강당으로만 사용하라고 하면 당장 교회가 나가야 되는 형편입니다. 그러나 하나님께서 우리 가족들이 밖으로 내몰린 채 길거리에서 예배드리도록 내버려 두지 않으시고 성전을 마련해 주시리라 확신하고 있습니다.

때로는 30년 동안 목회를 하며 예배실 하나 마련하지 못한 초라한 모습에 마음이 쓸쓸해질 때도 있습니다. 주위의 어느 분이 "목사님, 그렇지 않아요. 목사님은 일을 많이 하시지 않았어요? 많은 사람에게 주님을 전하고 영혼을 구원하셨잖아요. 우리 교회는 결코 작은 교회가 아니에요. 우리는 어떤 큰 교회보다도 많은 일을 해왔어요"라고 위로의 말로 격려해 주실 때 큰 힘을 얻곤 합니다.

거듭 강조하고 싶거니와, 우리 식구들을 입히고 먹이고 재우는 것, 한마디로 장애인 복지는 제가 아니라도 훌륭하게 일하시는 분들이 많이 계십니다. 제가 이 시설을 운영하는 것은 복지가 목적이 아니고 예수님의 이름으로 그분들을 잘 대접하고 보살펴 드림으로써 주님의 사랑을 심어 영혼을 구원하는 것이 목적입니다. 시설들은 하나의 수단이지 목적이 아닙니다.

참된 복지는 그들의 영혼 구원을 책임지고 이끌어 나가는 것입니다. 복음이 없는 복지는 순간적인 위로에 지나지 않는다는 것이

사랑의 콘서트를 빛낸
조하문 목사

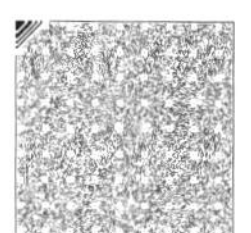

제가 굳게 믿어 지키고 있는 생각입니다.

2008년 8월 21일 오후 6시 30분, 우리는 서초구민회관에서 "새빛맹인선교회 30년 조하문 목사와 함께하는 사랑의 콘서트"를 열었습니다. 이 콘서트에는 조하문 목사님과 방송인 강석우 집사님이 특별출연하여 각각 노래를 부르고 색소폰을 연주했고, 새빛 식구들인 새빛맹인풍물선교단, 새빛바디매오합주단, 새빛맹인핸드벨콰이어 등이 총출연했습니다. 새빛 가족들은 이 콘서트를 위해 모든 힘과 정성을 아끼지 않고 준비했습니다. 특히 풍물선교단원들은 거의 매일 손이 부르트며 팔과 어깨 통증이 심각해질 정도로 연습했습니다.

단원 가운데 한 분은 연주 소감을 이렇게 말했습니다.

"설렘과 긴장이 교차되면서 '혹시 틀리지나 않을까' 두근거리는 마음을 다잡고 무대에 올라갈 때 말할 수 없는 감격으로 가슴이 벅차올랐습니다. 땀을 뻘뻘 흘려가며 풍물 연주를 하는 단원들의 모습은 누구보다도 아름다웠습니다. 모두가 힘든 가운데 준비했던 많은 시간들이 한순간 주마등처럼 스쳐 지나가면서 우리 새빛을 위해서라면 무엇이든 해나갈 수 있다는 용기가 생겼습니다. 다시 한 번 우리 새빛 풍물선교단원들과 목사님께 감사드리고 우리의 대장되시는 하나님께 영광의 박수를 드립니다.”

조하문 목사님은 MBC 대학가요제 출신으로 “이 밤을 다시 한 번”, “해야”, “사랑하는 우리” 등 많은 히트곡을 낸 인기가수였는데, 하나님의 부르심을 받고 목사가 되어 지금은 캐나다 토론토 하나교회에서 목회를 하고 있습니다. 이 사랑의 콘서트에서 영혼을 울리는 뜨거운 열정으로 노래를 불러 청중들의 많은 박수를 받았습니다.

연주를 마친 다음 조 목사님은 다음 글을 《월간 새빛》에 보내왔습니다.

“저는 이번 새빛맹인선교회 30주년 기념행사를 보면서 많은 생각에 잠기게 되었습니다. 하나님이 아니면 하실 수 없는 일들을 보고 느꼈기 때문입니다. 새빛맹인선교회가 시작되기도 전에 하나님은 한 사람을 지명하여 부르셨고, 그분은 주님의 뜻에 따라 지금까지 순종함으로 비장애인도 할 수 없는 많은 일들을 오직 믿음으로 해내셨습니다. 미천한 종인 저는, 한 사람이 주님께 순종함으로써 지금의 나를 감동시키는, 그리고 하나님을 기쁘시게 하는 일

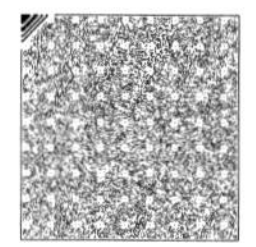

이 열매를 맺어 여기저기서 드러나는 것을 제 눈으로 확인하는 시간을 가졌습니다.”

저는 조 목사님의 글을 읽으면서 새빛이 걸어온 길이 하나님의 인도하심에 의한 것이었고, 하나님은 부족한 종의 순종을 기쁘게 보시고 30년을 지켜 주셨다는 것을 깊이 깨달을 수 있었습니다.

이날 모든 순서를 마치고 새빛 식구들은 한 사람도 빠짐없이 무대에 나와 〈낮은 데로 임하소서〉 주제가를 불렀습니다.

주는 나를 만졌네 내 영혼을

나는 주를 느꼈네 그 숨결을

주는 나를 버리지 아니하고

나는 주를 떠나지 아니하리

주의 사랑 있으면 나 외롭지 않아

주의 사랑 안에서 나 두렵지 않네

주는 나를 만졌네 내 영혼을

나는 주를 느꼈네 그 숨결을

이 노래를 부를 때 새빛 사역을 하며 지나 온 30년, 아니 저의 70년 생애가 영화 필름처럼 눈앞을 스치고 지나갔습니다.

제가 실명 후 홍제동의 아무도 없는 집에서 캄캄한 절망 가운데 목숨을 끊으려 했을 때, 하나님은 제 이름을 불러 주시고 "내가 너와 함께 하리라" 하신 그 순간부터 30년간 변함없이 저와 함께해 주셨습니다.

그분의 사랑 안에서 외로움과 두려움을 이기며, 허락하시는 그날까지 새빛 행진을 계속하겠다는 각오가 제 마음을 새롭게 하고 목소리를 높고 크게 만들어 주셨습니다.

2009년 여름, 삿포로 교회에서 부흥회를 인도한 적이 있습니다. 그때 저를 초청한 천상현 목사님의 간증을 들었습니다. 목사님은 청년 시절 아무런 이유 없이 발목부터 서서히 마비가 오기 시작하더니 결국 배꼽 위까지 마비가 되었다고 합니다. 좋은 치료는 모두 수소문하여 받았지만 원인조차 알 수 없었습니다. 이제 죽을 날만 기다리던 중에 우연히 〈낮은 데로 임하소서〉 영화를 보게 되었습니다. 영화 중에 윤복희 권사님이 부른 이 영화의 주제곡이 나오는 장면에서 성령님의 뜨거운 감동을 느꼈다고 합니다.

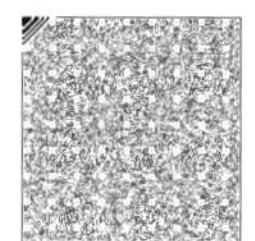

"오! 하나님, 안요한 목사님을 만져 주신 하나님! 저의 삶 또한 회복시켜 주옵소서. 제 마비된 몸도 만져 주옵소서. 제 죽어가는 삶도 회복시켜 주옵소서."

오직 이 기도제목으로 며칠간 부르짖으며 간구했다고 합니다. 그런데 놀랍게도 하나님이 직접 치료해 주셔서 마비된 몸이 풀리기 시작했습니다. 완전히 건강해진 목사님은 이 영화 주제곡을 일본어로 번역하여 열심히 부르고 계셨습니다.

햇빛이 누구에게나 골고루 비치듯 성령님께서는 여러분의 영혼도, 여러분의 가정도, 여러분의 자녀도, 여러분의 환경도 어루만져 회복시켜 주실 것입니다.

할렐루야! 하나님, 감사합니다. 영광 받으옵소서!

할렐루야! 새빛이여, 영원하길!

나와 안요한 목사

"생각만 해도 푸근해지는 분"

유관지 목사 _북한교회연구원NCRC 원장·수필가

1970년대 후반에 재직하고 있던 아세아방송이 극동방송과 공동 운영을 하게 되었다. 먼저 두 방송의 전도부를 통합하기로 했다. 아세아방송의 전도부장이던 나는 통합된 새 전도부의 책임을 맡게 되어 업무를 파악하고 있었다. 하루는 미아리라고 하면서 전화가 걸려 왔다. 새빛맹인진흥회의 안요한이라고 자신을 소개했고, 나는 이미 신문보도와 전문傳聞으로 그 이름과 하는 일을 들어 보았기에 잘 아노라고 대답했다. 그러냐고 감사하다고 하면서, 새빛맹인진흥회에서 《점자 새빛》을 발행하고 있는데 성경 퀴즈를 극동방송에서 제공하고 있으니, 새로 온 책임자가 그 일을 계속 잘 담당해 달라는 부탁의 전화였다.

그리하겠다고 하고 수화기를 놓고는, '이분은 맹인이라는데……' 하고 혼자 중얼거렸다(그때는 '시각장애인'이라는 말이 보편화되기 전이었다). 목소리가 미성美聲은 아니었지만, 밝고 해맑은 어조가 인상적이었다. 틀림없이 웃는 얼굴로 말했을 것이라고 여겨졌다. 이것이 안 목사님과의 첫 만남이었다.

그때가 1978년이었는지 1979년이었는지 정확하게 기억나지는 않지만, 여하튼 그 무렵부터 지금까지 30년 넘게 안요한 목사님과 교제를 나누면서 변함없이 그에게서 많은 사랑을 받았다. 안 목사님의 헌신을 가까이서 접한 것은 내가 누려 온 큰 복 중의 하나다.

지금도 안 목사님의 해맑은 어조와 웃는 얼굴은 조금도 변함이 없다. 그것이 안 목사님의 나이 표현법으로 '7학년 2반'에 이르렀어도 동안童顔을 유지하고 있는 비결이 아닐까. 안 목사님을 생각만 해도 마음이 푸근해지는 가장 큰 이유는 그 해맑은 모습 때문이다.

그때 성경 퀴즈의 일을 생각하면 지금도 죄송한 마음이다. 거의 매번 빠짐없이 기한을 넘겨서 재촉하는 전화를 받고서야 그 자리에서 문제를 급조急造하여 전화로 불러 주곤 했으니 말이다. 안 목사님은 틀림없이 한 손으로는 수화기를 잡고, 다른 손으로는 점자

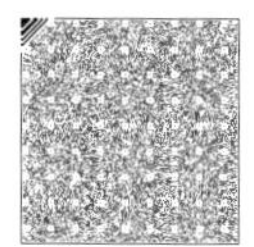

로 메모를 했을 것이다. 얼마나 불편했을까?

대형 문서 선교기관에서 포기한 《점자 새빛》 발행을, 시각장애인이 주도하는 신생 선교기관에서 담당하기로 한 일은 당시 교계에 화제가 되었다. 나도 그 사실에 많은 감동을 받았으면서, 자그마한 협력에도 그렇게 불성실하고 말았다.

그럼에도 안 목사님은 한 번도 짜증을 내지 않고, 언제나 변함없이 웃는 얼굴에서 나오는 것이 분명한 정감어린 목소리로 전화하셨다. 나는 전화를 받을 때마다 미안해서 어쩔 줄을 몰라 쩔쩔매는 일이 달마다 반복되었다.

어느 해인가 여러 달 동안 전화가 오지 않기에 '웬 일인가?' 하면서도 그 이유를 확인해 보지는 못했는데, 동아일보에서 "불우 돕다 쓰러진 학사 맹인"이라는 기사를 읽게 되었다. 나로서는 더욱 미안했다.

안 목사님은 누구에게나 친절하고 겸손하게 대했지만, 유독 나에게 더욱 그랬던 것 같다. 다섯 살이나 연하인 나는 때로는 거북하게 느껴지기도 했는데, 그 이면에는 사모님의 영향이 있었다는 것을 뒤늦게 알 수 있었다.

삼각지에 있는 용산감리교회가 내 모교회인데, 이 교회에서 중고등부 교사를 하고 있을 때 출석했던 여고생 가운데 한명이 바로 이은미 사모님이었다. 학생들 가운데 "선생님, 처녀가 어떻게 아이를 낳아요? 나는 다른 것은 믿어도 동정녀에게서 아기 예수가 탄생했다는 사실은 믿을 수 없어요!" 하던 눈이 동그란 여학생이 있었다. 이 학생이 같은 학교 친구인 이은미 사모님을 전도해서 함께 중고등부 예배에 나왔다는 사실을 나중에 알게 되었다.

안요한 목사님 내외분이 나에 관한 이야기를 나눌 때, 이은미 사모님이 "제 교회 학교 시절 선생님이었어요"라고 했을 것이다.

이은미 사모님 덕분에 안 목사님께 더욱 친근감을 갖게 되었다. 사실 이은미 사모님의 말 없는 헌신은 그 내용을 아는 이들에게는 큰 감동과 은혜를 준다. 하지만 사모님은 자신을 철저하게 숨기려고 애를 쓴다. 이 책에서도 자신의 이야기가 들어가는 것을 사모님은 완강히 반대했는데 안 목사님이 야단맞을 것을 각오하고 일부를 살짝 집어넣은 것으로 알고 있다.

안 목사님은 끊임없이 꿈을 꾸고, 하나님은 그 꿈을 이루어 주시

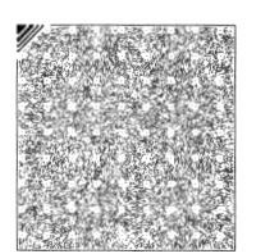

는 것을 여러 번 보아 왔다. 1988년 1월, 창립 10주년 감사 예배 설교를 내가 하게 되었는데, 그때 새빛맹인교회는 방배동의 2층 낡은 건물에서 예배를 드리고 있었다. 그런데 주변에 잘 알려진 건물이 없어서 교회를 찾는 분들께 위치를 알려 드리는 것이 쉽지 않았다. "가야병원 옆길로 쭉 올라와서 만나는 길에서 오른쪽으로 조금 내려오면 왼쪽에 있어요." 이것이 길 안내 설명의 전부였다.

그날은 창립 10주년이어서 찾아오는 사람들이 많았고, 위치를 묻는 전화 벨소리가 쉬지 않고 울렸다. 광고 시간에 안 목사님이 "여러분, 오시느라 애 많이 쓰셨지요? 부근에 큰 건물이 없어서 그렇습니다. 제가 이 선교회관 건물을 크게 지어서 앞으로는 찾아오기 쉽게 하겠습니다. 그래서 주변에 사시는 분들이 자기 집 위치를 말할 때 '우리 집은 새빛선교회관 옆에 있습니다'라고 하도록 하겠습니다"라는 것이 아닌가. 나도 웃었고 그날 참석한 모두가 크게 웃었다.

그런데 3년이 좀 지나 그 말이 사실이 될 줄 누가 상상이나 했겠는가. 지금은 선교회관 주변에 높은 건물들이 많이 생겼지만, 1991년 6층 회관 건물이 준공되었을 때 인근 지역에서 가장 높이

솟은 회관은 랜드마크 역할을 했다.

안 목사님이 내게 새빛양로원 건립 이야기를 꺼낸 것은 '6학년'이 넘어서였다. 그때 실은 '과욕이 아닌가? 목사님이 이제는 사역을 정리하면서 쉴 준비를 할 때가 아닌가?' 하는 생각이 들었다. 미대 교수님 한 분이 새빛양로원 건립을 위해 자신의 작품을 다수 기증해서 전시회를 열었는데 안 목사님이 테이프 커팅하는 것을 옆에서 거들었다. 나중에 현상된 사진을 보니 내가 좀 찌푸린 얼굴을 하고 있었다. 아마도 안 목사님의 무리한 사역에 대한 염려 때문이었던 것 같다.

양로원 기공 예배를 드릴 때 설교를 해달라는 부탁을 받았다. 양로원은 용인에 지을 예정이었고, 마침 나도 용인에서 목회를 하고 있어서 뜸 들이지 않고 "그러지요"라고 했다. 그런데 설교는 단 5분만 하라는 것이다. 이유를 여쭈었더니 이렇게 답하셨다.

"주민들이 맹인 양로원이 들어오는 것을 반대하여, 기공 예배 때 돌을 던지겠다며 벼르는 중이라고 합니다. 그래서 전체 예배를 30분 안에 후딱 드리려고 합니다."

나는 일어날 수 있는 사태를 가늠하며 옷장 깊숙한 곳에 두었던

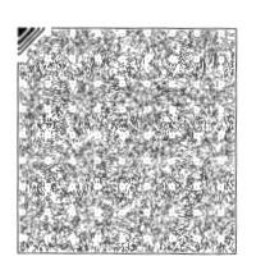

두툼한 모자 달린 파커를 꺼내 입고 갔다. 겨울에 중국에 갈 일이 있을 때 방한용으로 입는 옷이었다. '돌을 던지면 돌이 날아오는 방향을 알 수 있는, 눈 뜬 내가 방패 노릇을 할 수밖에 없지 않겠나' 하는 생각에 단단히 각오하고 준비했다.

현장에 가 보니 맹인 양로원 건립을 반대하는 플래카드가 여러 개 보였는데 마을은 이상하게도 적막했고, 건장한 남자 한 명이 예배 장소에서 좀 떨어진 곳에 몸을 숨긴 채 주위를 살피고 있었다. 형사인 것을 눈치 챌 수 있었다.

'아, 경찰관이 나와 있으니까 최악의 사태는 일어나지 않겠구나.' 조금 안심이 되었다.

긴장된 가운데 예배가 진행되었는데 아무 일도 일어나지 않았다. 나중에 알고 보니, 마을의 주요 인사 한 분이 예배 직전에 갑작스럽게 세상을 떠나서 주민들이 그 일에 매달려 양로원 기공 예배에는 신경을 쓰지 못했다는 것이다. 시각장애인을 위해 꼭 필요했던 양로원을 이처럼 하나님께서 안 목사님을 택하여 설립하신 것이다. 안 목사님은 지금도 훨씬 넓은 지경의 새로운 꿈을 가지고 있다. 하나님은 그 꿈을 틀림없이 이루어 주실 것이다.

안 목사님은 십여 년 전부터 《낮은 데로 임하소서》 이후의 이야기를 사람들에게 전하고 싶어 하셨다. 안 목사님의 구술로 엮은 자서전의 초고를 검토해 달라는 부탁을 받고, 녹취본을 읽으면서 죄송한 마음을 억누를 수 없었다. 갑작스런 화재, 건강 악화, 여러 인간적인 문제 등 어려운 일들이 그렇게 많았는데 나는 그것을 너무나 모르고 있었기 때문이다.

안 목사님이 1976년 여름에 거창고 학생들을 가르쳤다는 사실도 이번에 처음 알았다. 나도 1970년부터 몇 년 동안 거창고에서 국어교사 겸 종교주임으로 교편 생활을 했고 지금도 깊은 관계를 가지고 있다.

이렇게 내가 너무나 모르고 있었던 책임의 반은 안 목사님에게 있다고도 할 수 있다. 안 목사님은 어려운 일을 좀처럼 남에게 나누지 않는다. 설사 이야기하더라도 아무것도 아닌 일처럼 말하기 때문에 심각하게 듣지 않는 경향이 있다. 평소에는 안 목사님이 무척 대범한 분으로 알고 있었는데 녹취본을 정리하면서 단어 하나하나에 세심한 신경을 쓰시는 것을 보고 아주 섬세한 면이 있다는 것을 새삼스럽게 알게 되었다. 그런 섬세함이 새빛 사역을 빈틈없

이 이끌어 온 요인 가운데 하나일 것이다.

이 구술 자서전과는 별도로 새빛선교회가 걸어온 길을 장애인 선교의 관점에서 객관적으로 기술한 책자가 별도로 나왔으면 좋겠다는 생각이 든다. 이 구술 자서전은 본인의 겸손한 성품 때문에 좀더 강조되어야 할 여러 일들이 생략되었거나 너무 간략하게 기술한 대목들이 많다. 새빛선교회는 그동안 여러 번 보금자리를 옮겨 왔지만 30년간 발간해 온 주보를 비롯하여 많은 기록을 충실하게 보존하고 있으니 어렵지 않으리라고 본다. 그리고 새빛선교회는 요즘 타문화권 선교에도 힘쓰고 있는데, 이 일이 한국 교회의 선교 활동에 신선한 자극이 되기를 바란다.

안요한 목사님으로부터 받은 사랑, 그의 신앙과 인품에서 느끼는 감화와 도전, 그를 통해 증거되는 살아계신 하나님의 역사 등을 말하기에는 내 감성이 무디고 필력이 둔한 것이 안타깝기만 하다.

하나님이 이 시대에 안 목사님을 보내 주셔서 시각장애인들에게는 물론, 사회 전반에 소망의 등불이 되게 하신 것을 깊이 감사드린다.

"하나님의 절묘하신 섭리가 빚어낸 기적의 만남"

이재철 목사 _100주년기념교회

"1980년 7월 말경, 막내누님으로부터 전화가 왔다. 우연한 기회에 길음동에서 시각장애인을 위해 목회하고 있는 시각장애인 목사님 한 분을 알게 되었는데, 그분으로부터 많은 은혜를 받았으니 나도 시간이 있으면 한번 찾아가서 만나 보라는 내용이었다. 그리고 만약 그런 분의 이야기가 책으로 엮어진다면 교인들뿐만 아니라 믿지 않는 분들에게도 많은 도움이 되지 않겠느냐는 말도 덧붙였다.

다음날 오후, 나는 녹음기를 들고 누님이 말한 길음동 '새빛맹인교회'를 찾아갔다. 그 목사님과는 아침에 미리 전화로 약속을 해둔 터였다. 교회는 낡은 건물 2층에 세 들어 있었다. 대낮이었음에도 건물 내부는 마치 밤처럼 어두웠다. 반 평도 채 되지 않는 '목사실'로 들어섰을 때 자리에서 일어나 나를 향하여 반가이 웃으며 손을 내미는 목사님을 보고 나는 그만 깜짝 놀라고 말았다. 나는 그때까지 그토록 밝고 잘생긴, 게다가 색안경을 쓰지 않은 시각장애인을 본 적이 없었다. 정상인

처럼 눈을 뜨고 활짝 웃고 있는 그의 얼굴은 도저히 시각장애인이라고는 여겨지지가 않았다. 시각장애인 목사 안요한 목사님과의 만남은 이렇게 시작되었다.

안 목사님에 대한 나의 취재는 다섯 시간이나 걸렸다. 그 다섯 시간 동안 나는 얼마나 큰 감동을 받았는지 모른다. 우리 사회에 온갖 불의와 부패가 만연하다 할지라도 그나마 건전하게 지탱되고 있음은, 바로 그분처럼 보이지 않는 곳에서 사랑과 헌신의 삶을 사는 사람들이 있기 때문이라는 사실을 나는 그날 비로소 깨달을 수 있었다. 그뿐만 아니라 홍성사가 하나님의 영광을 위하여 해야 할 일이란 먼저 그런 분들을 찾아 격려하고 세상에 알리는 일이요, 그 다음으로는 이 땅에 있는 모든 사람들로 하여금 각자 그런 삶을 살도록 깨우치게 하는 일이란 귀중한 사실을 깨닫게 되었다.

안요한 목사님과의 만남, 그것은 실로 조그마한 만남이었다. 그렇지만 그 작은 만남이야말로 홍성사가 하나님의 영광을 위하여 과연 무엇을 할 것인가를 일깨워 준, 실로 크나큰 만남이요 하나님의 특별하신 은총이 아닐 수 없었다. 나는 그날 정말 큰 숙제를 해결한 듯한 홀가분하고도 기쁜 마음으로, 그리고 하나님께 감사드리는 마음으로 밤길을 헤치며 집으로 돌아왔다.

그날 밤은 참으로 잊을 수 없는 밤이 되었다. 만남의 소중함과 귀함을, 그리고 하나님께서는 사람의 만남을 통하여 역사하신다는 것을 구체적으로 터득한 것이 바로 그날 밤이었기 때문이다.

나는 그날 밤, 소설가 이청준 선생님이 안요한 목사님에 대한 작품을 쓸 수 있게 해달라고 간절한 기도를 드렸다. …(중략)… 다음날 아침, 나는 이청준 선생님에게 전화를 했다. 그리고 안요한 목사님에 대해 간략하게 설명한 다음 내가 취재한 5시간짜리 녹음테이프를 들어 보겠느냐고 물었다. 이 선생님은 흔쾌히 승낙했다.

얼마 후 이청준 선생님으로부터 연락이 왔다. 작품을 쓰겠다는 것이었다. 당장 연락을 주지 못한 까닭은 과연 그 테이프에 담겨 있는 안 목사님의 말이 모두 진실한 것인지를 나름대로 가려보는 데 많은 시간이 필요했기 때문이라 했다. 계속 반복해서 테이프를 들으면서 자신이 안 목사님의 속으로 들어가 보기도 하고 혹은 안 목사님을 자기 속에 투영시키기를 거듭한 결과, 그 모든 일들이 사실일 수 있음을 믿을 수 있어 글을 쓰기로 작정했다는 것이었다.

참으로 감격적인 순간이 아닐 수 없었다. 1974년 홍성사 창업 때부터

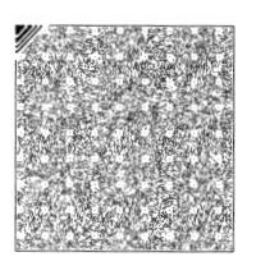

미루어져 왔던 일, 그러나 홍성사가 반드시 하지 않으면 안 되는 일이 비로소 시작되는 순간이었다. 가장 위대한 문학가로 하여금 하나님의 영광을 드러내는 글을 쓰게 한다는 나의 계획이 열매를 맺는 순간이었고, 기독교 문학의 이정표를 세운 이청준의 그 유명한 전작 장편소설 《낮은 데로 임하소서》가 잉태되는 순간이었다. 아니, 그것은 〈믿음의 글들〉 시리즈가 태동하는 역사적인 순간이었다. 그동안 표류하기만 하던 홍성사가 비로소 제자리를 찾기 시작하는 순간이었다. 이처럼 감격적인 순간 ―그것이야말로 만남의 신비가 낳은 기적의 열매였다.

…(중략)… 누님을 통한 안요한 목사님과의 만남, 그 이전에 이청준 선생님과의 만남, 그리고 《낮은 데로 임하소서》와 〈믿음의 글들〉―이 모든 것은 그야말로 하나님의 절묘하신 섭리가 빚어낸 기적의 열매들이었다."

《「믿음의 글들」, 나의 고백》 77~82쪽

앞의 글은 저의 자서전 《「믿음의 글들」, 나의 고백》에서 발췌한 것으로, 30년 전 당대 최고의 소설가이신 이청준 선생님의 전작 소설 《낮은 데로 임하소서》가 발간되기까지의 과정을 간략하게 밝힌 내용입니다. 《낮은 데로 임하소서》의 발간은 안요한 목사님이 일반 대중에게 널리 알려지는 계기가 되었습니다. 당시 제가 느낀 것은, 하나님께서는 당신이 필요로 하는 당신의 도구를 인간이 상상할 수 없는 신비로운 방법으로 불러내신다는 것이었습니다. 마치 다메섹 도상에서 신비로운 섭리의 핀셋으로 바울을 집어내신 것처럼 말입니다.

그로부터 30년이 지나 이번에 안요한 목사님께서 《낮은 데로 임하소서, 그 이후》를 펴내신다는 소식을 접했습니다. 그러지 않아도 작년에 미얀마에서 오랫만에 안 목사님을 잠깐 뵙고 목사님의 자세한 근황을 궁금해 하던 제게 그것은 희소식이었습니다. 30년 전 《낮은 데로 임하소서》를 발간한 당시의 발행인으로서 안 목사님의 《낮은 데로 임하소서, 그 이후》가 이전보다 하나님의 영광을 더욱 크게 드러내기를 간절히 기원합니다.

낮은 데로 임하소서, 그 이후

The Story after 'Come down unto Us'

2010. 7. 1. 초판 발행
2015. 6. 30. 5쇄 발행

지은이 안요한
펴낸이 정애주
국효숙 김기민 김의연 김준표 박세정 박혜민
송승호 염보미 오민택 오형탁 윤진숙 임승철
정한나 조주영 차길환 한미영 허은

펴낸곳 주식회사 홍성사
등록번호 제1-449호 1977. 8. 1.
주소 (121-885) 서울시 마포구 양화진4길 3
전화 02) 333-5161
팩스 02) 333-5165
홈페이지 www.hsbooks.com
이메일 hsbooks@hsbooks.com
트위터 twitter.com/hongsungsa
페이스북 facebook.com/hongsungsa
양화진책방 02) 333-5163

ⓒ 안요한, 2010

• 잘못된 책은 바꿔 드립니다.
• 책값은 뒤표지에 있습니다.

ISBN 978-89-365-0277-5 (03230)

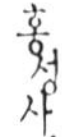